큰 그림과 큰 글씨로 눈이 편하게!

쓱싹 시리즈 19

쓱 하고 싹 배우는 엑셀 365

★ 저자 김영미 ★

KB192320

YoungJin.com Y.
영진닷컴

쓱 하고 싹 배우는 엑셀 365

B-1001, Gab-eul Great Valley, 32, Digital-ro 9-gil, Geumcheon-gu, Seoul, Republic of Korea.
All rights reserved. First published by Youngjin.com. in 2025. Printed in Korea

저작권법에 의하여 한국 내에서 보호를 받는 저작물이므로 무단전재 및 복제를 금합니다.

ISBN : 978-89-314-7845-7

독자님의 의견을 받습니다.

이 책을 구입한 독자님은 영진닷컴의 가장 중요한 비평가이자 조언가입니다. 저희 책의 장점과 문제점이 무엇인지, 어떤 책이 출판되기를 바라는지, 책을 더욱 알차게 꾸밀 수 있는 아이디어가 있으면 팩스나 이메일, 또는 우편으로 연락주시기 바랍니다. 의견을 주실 때에는 책 제목 및 독자님의 성함과 연락처(전화번호나 이메일)를 꼭 남겨 주시기 바랍니다. 독자님의 의견에 대해 바로 답변을 드리고, 또 독자님의 의견을 다음 책에 충분히 반영하도록 늘 노력하겠습니다.

이메일 : support@youngjin.com
주　소 : (우)08512 서울특별시 금천구 디지털로9길 32 갑을그레이트밸리 B동 10F
등　록 : 2007. 4. 27. 제16-4189호

파본이나 잘못된 도서는 구입하신 곳에서 교환해 드립니다.

STAFF

저자 김영미 | **총괄** 김태경 | **진행** 김연희 | **디자인·편집** 김소연 | **영업** 박준용, 임용수, 김도현, 이윤철
마케팅 이승희, 김근주, 조민영, 김민지, 김진희, 이현아 | **제작** 황장협 | **인쇄** 제이엠

엑셀 365의 셀을 이용해 데이터를 원하는 형식에 맞게 채우는 방법과 엑셀의 주요 기능인 계산과 함수 기능을 익혀 봐요!

① POINT

챕터에서 배우게 될 내용을 간략하게 소개해요.

② 여기서 배워요!

어떤 내용을 배울지 간략하게 살펴봐요. 배울 내용을 미리 알아 두면 훨씬 쉽고 재미있게 배울 수 있어요.

③ 완성 화면 미리 보기

챕터에서 배우게 되는 예제의 완성된 모습을 미리 만나요.

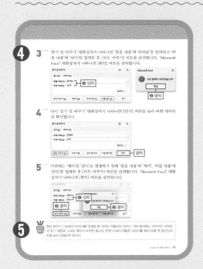

④ STEP

예제를 하나하나 따라 하면서 본격적으로 기능들을 익혀 봐요.

⑤ 조금 더 배우기

본문에서 설명하지 않은 내용 중 중요하거나 알아 두면 좋을 내용들을 알 수 있어요.

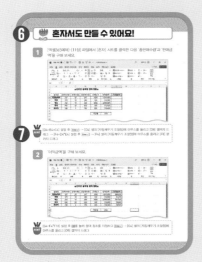

⑥ 혼자서도 만들 수 있어요!

챕터에서 배운 내용을 연습하면서 한 번 더 기능을 숙지해 봐요.

⑦ HINT

문제를 풀 때 참고할 내용을 담았어요.

이 책의 목차

I. 엑셀 365 기본

II. 엑셀 365 활용

I. 엑셀 365 기본
Microsoft 365
설치 및 기본 화면 구성

POINT

회사, 학교, 기관 등 데이터를 관리하는 대부분의 장소에서는 엑셀을 사용합니다. 최근에는 값비싼 프로그램을 구입하는 것보다 소프트웨어에 가입하는 것을 선호하는 사람들이 많습니다. Microsoft 365 제품군은 Office 구독 프로그램이며, 해당 구성 요소 중하나인 Excel 365는 데이터 구성, 분석 및 시각화를 위한 광범위한 기능을 제공하는 강력한 스프레드시트 응용 프로그램입니다. 이번 장에서는 엑셀 365를 효과적으로 사용하기 위해 오피스 365를 설치하고 엑셀 화면을 탐색하는 방법에 대해 알아봅니다.

여기서 배워요! Microsoft 365 접속 및 가입하기 / Microsoft 365 설치하기 / 엑셀 365 기본 화면

완성 화면 미리 보기

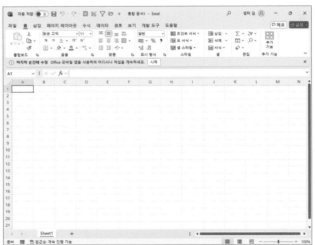

1 인터넷을 실행한 후 검색란에 [Microsoft 365]를 입력하여 검색합니다. MICRO-SOFT 365 사이트로 접속한 후 [무료로 체험하기] 버튼을 클릭합니다.

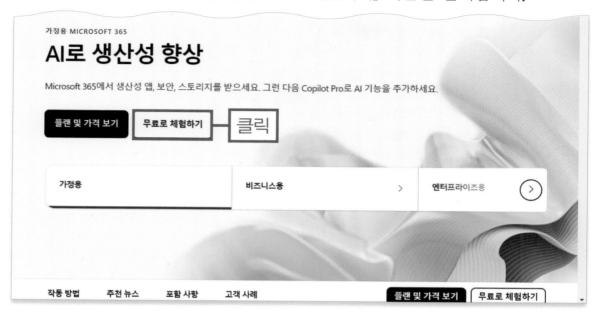

 무료 체험이란 Microsoft 365를 설치하기 전에 무료로 1개월 사용한 후에 구독하는 서비스로, 바로 구독하여 사용하기보다는 한 번 사용해보고 구독하도록 합니다.

2 'Microsoft 365 무료 체험하기' 화면이 나타나면 [1개월 무료 체험을 시작하세요] 버튼을 클릭합니다.

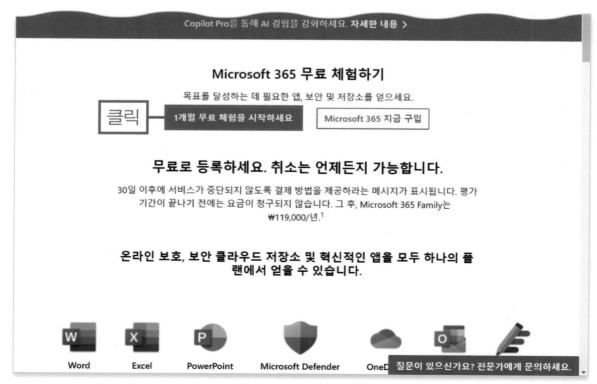

3 ······ 'Microsoft 365의 로그인' 화면이 나타납니다. 계정이 있으면 '계정 아이디'와 '비밀번호'를 입력하고 계정이 없다면 [계정을 만드세요!]를 클릭합니다.

 Microsoft 365를 설치하려면 Microsoft 아이디가 있어야 합니다. 한 번 아이디를 만들어 놓으면 Microsoft 제품군을 쉽게 설치 및 사용할 수 있습니다.

4 ······ '약관' 화면이 나타나면 [자세히 알아보기]를 눌러 약관을 읽어보고 [뒤로] 버튼을 클릭합니다. 모든 약관에 체크한 후 [동의] 버튼을 클릭합니다.

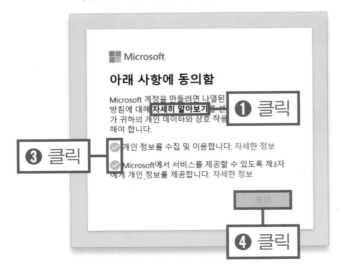
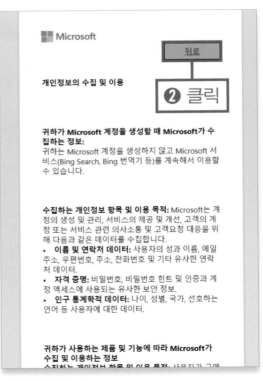

5 ⋯⋯ 'Microsoft 365 계정 만들기' 화면이 나타나면 아이디로 사용할 '이메일 주소'를 입력한 후 [다음] 버튼을 클릭합니다. '암호 만들기' 화면이 나타나면 사용할 '암호'를 입력한 후 [다음] 버튼을 클릭합니다.

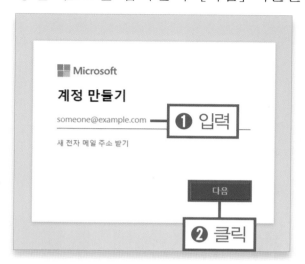
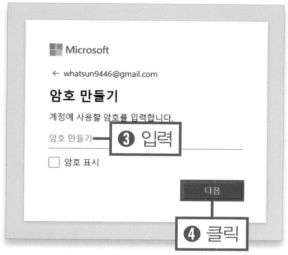

6 ⋯⋯ '성'과 '이름'을 입력한 후 [다음] 버튼을 클릭합니다. '국가'와 '생년월일'을 설정한 후 [다음] 버튼을 클릭합니다.

7 ····· 입력한 이메일로 코드가 전송되면 그 이메일로 접속한 후 Microsoft 365에서 보낸 코드 번호를 그대로 '코드 입력' 란에 입력한 다음 [동의하고 계정 만들기] 버튼을 클릭합니다.

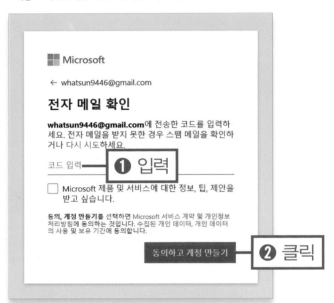

조금 더 배우기 계정을 만들다 보면 아래 그림처럼 사람인지 확인하는 퍼즐이 나옵니다. 퍼즐을 완성하고 계정을 만들어 봅니다.

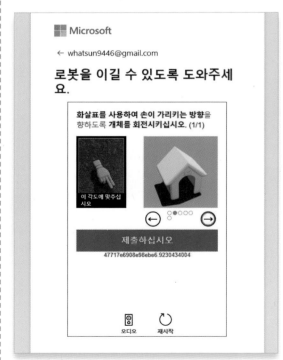

STEP 2 Microsoft 365 설치하기

1 ······ '구독 확인' 화면이 나타나면 [새 결제 방법 추가]를 클릭합니다.

조금 더 배우기 무료로 1개월 사용을 하기 위해서는 미리 결제 정보를 입력해야 합니다. 구독하고 싶지 않을 땐 1개월 이 끝나기 전에 취소할 수 있습니다. 참고로 결제는 1개월이 지나면 자동 결제되는 점, 잘 기억하세요.

2 ······ 카드나 카카오 페이, 휴대폰으로 결제할 수 있습니다. 여기서는 [카드]를 선택한 후 정보를 입력하고 [저장] 버튼을 클릭합니다.

3 ····· 카드 정보를 다 입력하면 Microsoft 365 다운로드 화면이 나타납니다. 컴퓨터에 설치하기 위해 상단 오른쪽의 [데스크톱 앱 설치] 버튼을 클릭하고 저장 위치를 지정한 후 저장합니다.

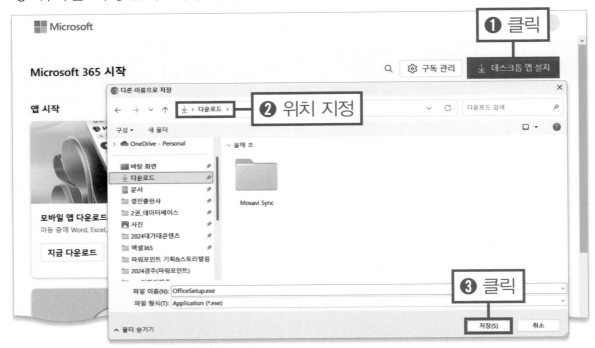

4 ····· 저장이 완료되면 저장한 위치로 이동합니다. [OfficeSetup.exe] 파일을 더블 클릭하여 설치합니다.

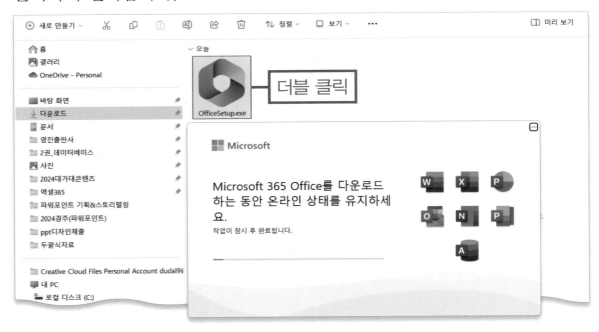

 Microsoft 365를 설치하려면 일단 제어판으로 가서 기존에 Office 프로그램을 제거해야 설치가 가능합니다.

엑셀 365 기본 화면

1 ····· 작업 표시줄에서 [시작] 버튼을 누른 후 [오피스]-[Excel]을 차례대로 클릭합니다.

2 ····· 엑셀 시작 화면이 나타나면 [새 통합 문서]를 클릭합니다.

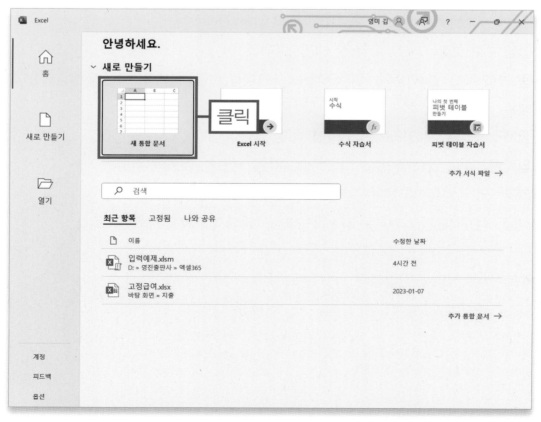

엑셀 365 화면 구성

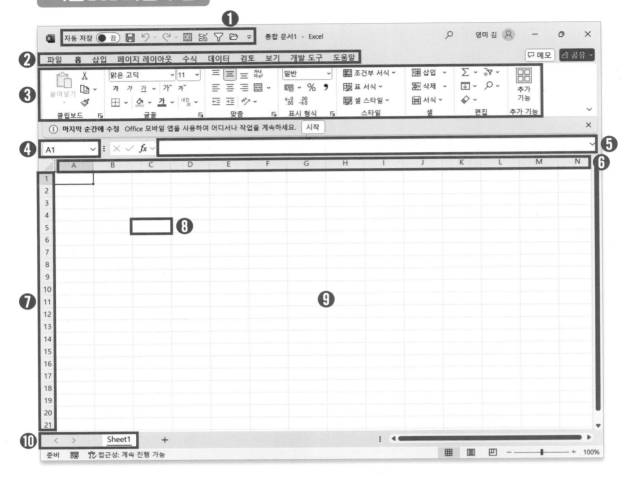

❶ **빠른 실행 도구 모음** : 자주 사용하는 명령을 등록하여 빠르게 실행할 수 있습니다.

❷ **명령 탭** : 10개 메뉴를 제공합니다. 작업에 따라 [개발 도구] 뒤에 상황 탭이 활성화됩니다.

❸ **리본 메뉴** : 명령 탭 선택 시 그룹화된 명령들을 선택할 수 있습니다.

❹ **이름 상자** : 작업 셀 확인과 이름 정의 및 이름 영역을 선택할 수 있습니다.

❺ **수식 입력줄** : 수식 입력 및 셀에 입력된 데이터를 확인할 수 있습니다.

❻ **열 머리글** : 열 위치를 알려주는 문자로 XFD열까지 표시할 수 있습니다.

❼ **행 머리글** : 행 위치를 알려주는 숫자로 1048576행까지 표시할 수 있습니다.

❽ **셀** : 데이터가 입력되는 칸입니다.

❾ **워크시트** : 엑셀 작업 공간입니다.

❿ 시트 탭 및 시트 탭 이동 버튼

I. 엑셀 365 기본
셀 다루기

POINT

엑셀의 기본은 셀 다루는 것부터 시작합니다. 이번 장에서는 셀을 선택하는 방법과 행과 열을 추가, 삭제하는 방법 등 다양하게 셀을 다루는 방법을 알아봅니다.

여기서 배워요! 셀 선택하기 / 행, 열 추가 및 삭제하기 / 행, 열 높이 및 너비 변경하기

완성 화면 미리 보기

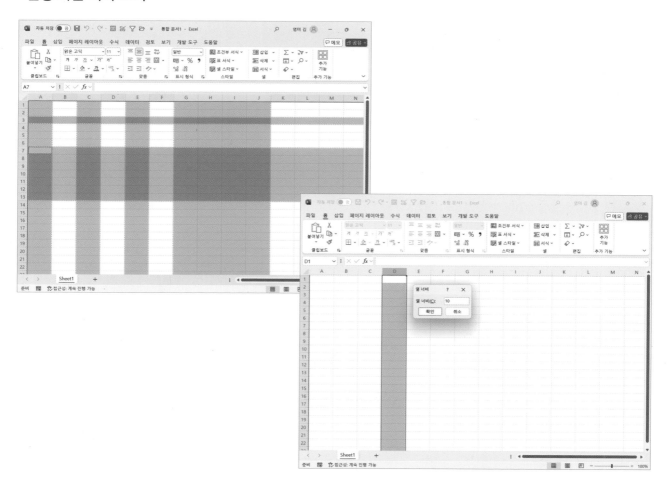

1 ····· 단일 선택일 경우 원하는 셀을 클릭합니다.

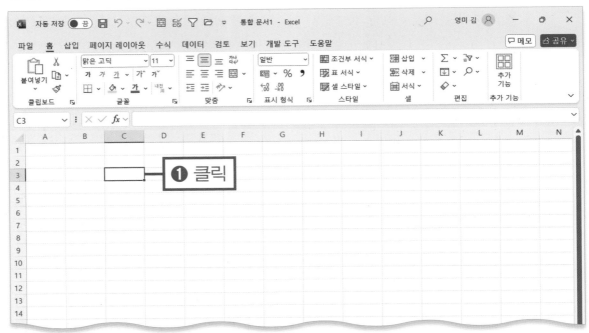

각각 셀은 고유 주소가 부여됩니다. 열머리글과 행머리글을 합쳐서 이름이 지정됩니다. 예를 들어 A 열과 3행을 교차해서 생기는 셀의 주소는 A3이 됩니다.

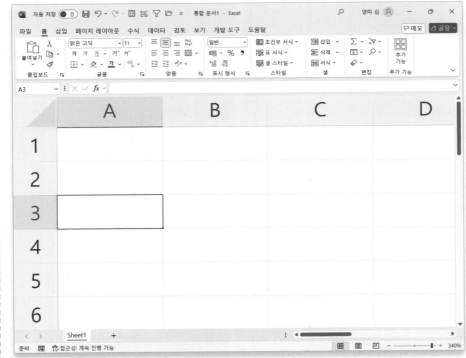

2 ····· 연속 선택일 경우 셀을 드래그합니다.

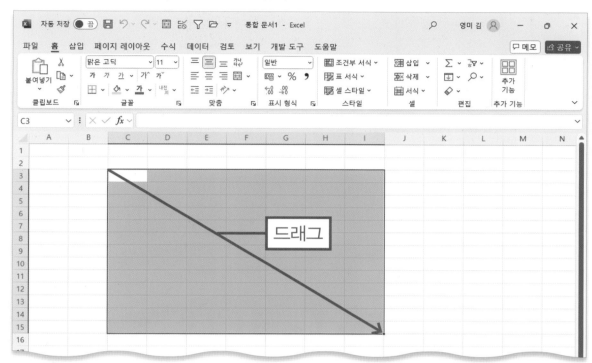

드래그

3 ····· 떨어져 있는 셀을 선택할 경우 키보드의 Ctrl을 누른 상태로 셀들을 각각 클릭합니다.

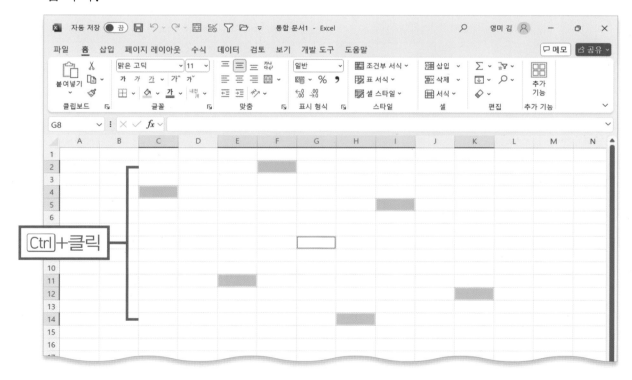

Ctrl+클릭

4 ····· A열 전체를 선택할 경우 열머리글 A를 클릭합니다.

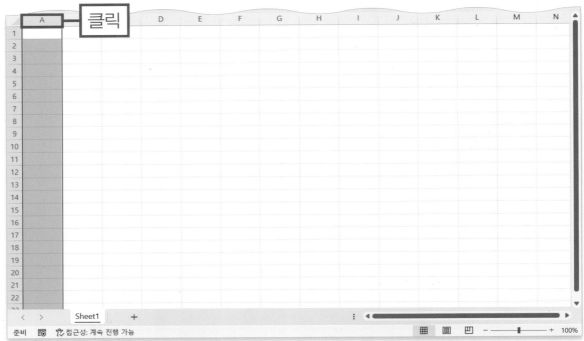

5 ····· 행도 열과 동일하게 행머리글을 선택하면 행 전체가 선택됩니다. 떨어져 있는 행 및 열을 선택할 땐 Ctrl을 누른 상태로 열과 행머리글을 선택하면 됩니다.

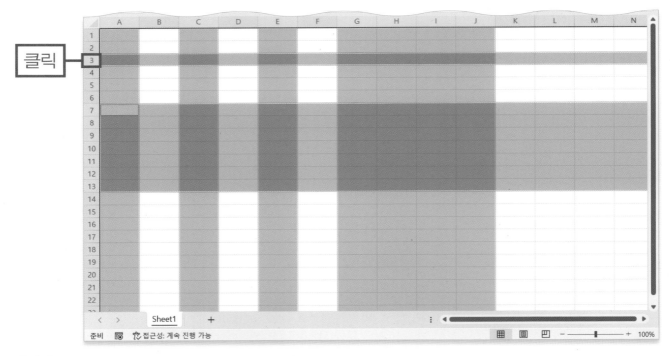

조금 더 배우기

연속된 열을 선택할 때는 열머리글을 드래그하면 됩니다. 행도 마찬가지로 동일하게 지정합니다.

6 ····· 전체 행을 선택할 때는 A열머리글과 1행머리글 사이의 [모두 선택] 버튼을 클릭합니다.

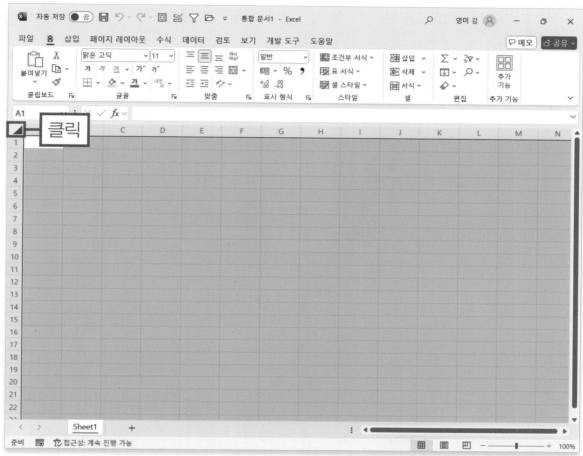

조금 더 배우기   단축키 : Ctrl + A

행, 열 추가 및 삭제하기

1 …… 열을 추가할 때는 추가할 자리의 열머리글을 선택하고 마우스 오른쪽 버튼을 누른 후 [삽입] 메뉴를 클릭합니다. 삭제할 때도 삭제할 열을 클릭한 후 마우스 오른쪽 버튼을 눌러 [삭제] 메뉴를 클릭합니다.

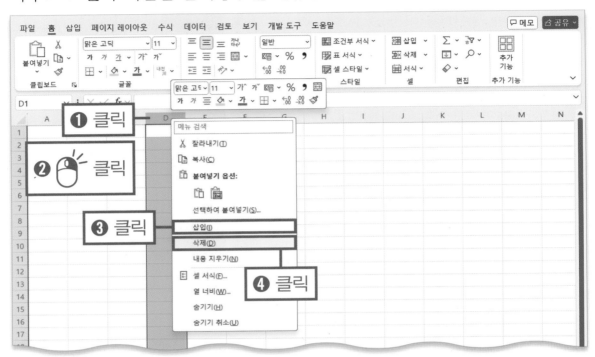

2 …… 행을 추가할 때는 추가할 자리의 행머리글을 선택하고 마우스 오른쪽 버튼을 누른 후 [삽입] 메뉴를 클릭합니다. 삭제할 때도 삭제할 행을 클릭한 후 마우스 오른쪽 버튼을 눌러 [삭제] 메뉴를 클릭합니다.

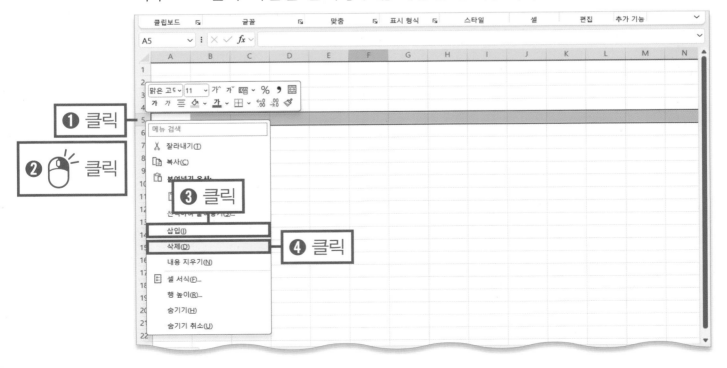

행, 열 높이 및 너비 변경하기

1 높이를 변경할 행 위에 마우스 오른쪽 버튼을 누른 후 [행 높이]를 클릭합니다. '행 높이' 대화상자가 나타나면 '행 높이'에 '20'을 입력한 후 [확인] 버튼을 클릭합니다.

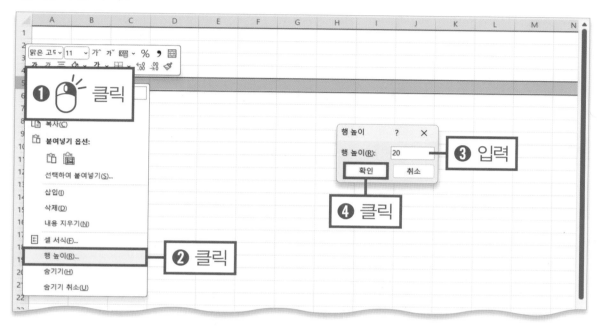

2 너비를 변경할 열 위에 마우스 오른쪽 버튼을 눌러 [열 너비]를 클릭합니다. '열 너비' 대화상자가 나타나면 '열 너비'를 '10'으로 입력한 후 [확인] 버튼을 클릭합니다.

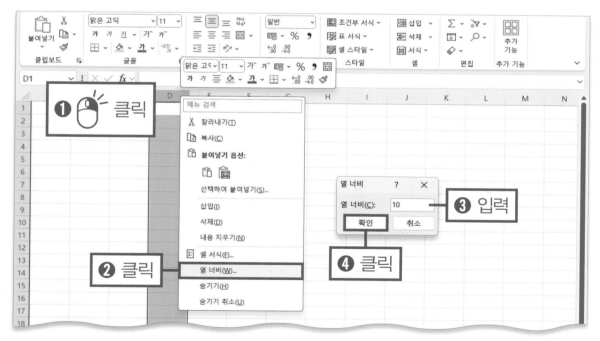

조금 더 배우기

행 높이와 열 너비는 단위가 달라서 수치에서 차이가 납니다.

CHAPTER
03

I. 엑셀 365 기본
저장하기

POINT

이번 장에서는 엑셀 파일을 저장하는 다양한 방법을 알아봅니다.

여기서 배워요! [파일] 탭으로 저장하기 / [닫기] 버튼으로 저장하기

완성 화면 미리 보기

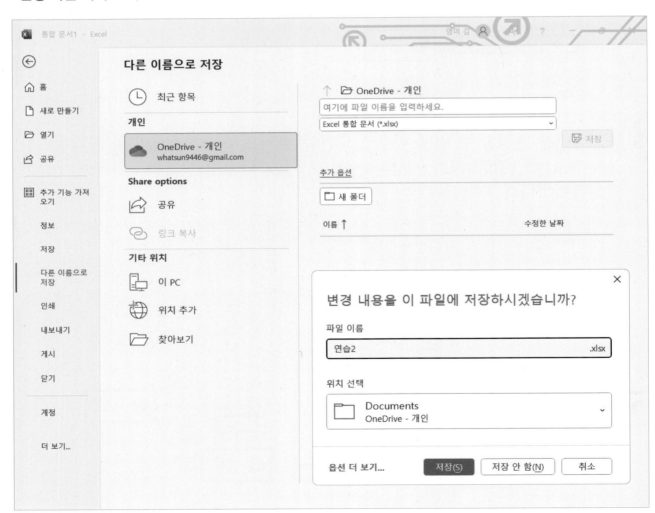

1 ····· [파일] 탭을 클릭합니다.

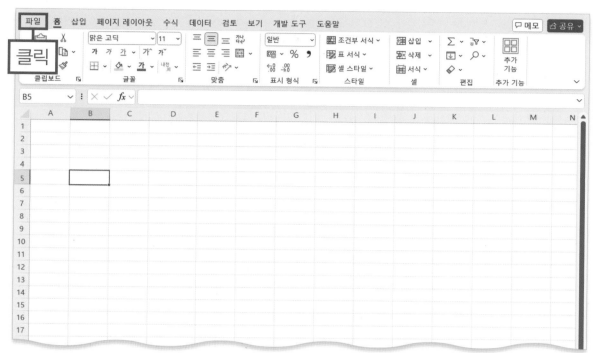

2 ····· 왼쪽의 [저장]을 클릭한 후 '기타 위치'에서 [찾아보기]를 클릭합니다. '다른
이름으로 저장' 대화상자가 나타나면 위치를 [바탕 화면]으로 지정한 후 '파
일 이름'에 '연습'을 입력하고 [저장] 버튼을 클릭합니다.

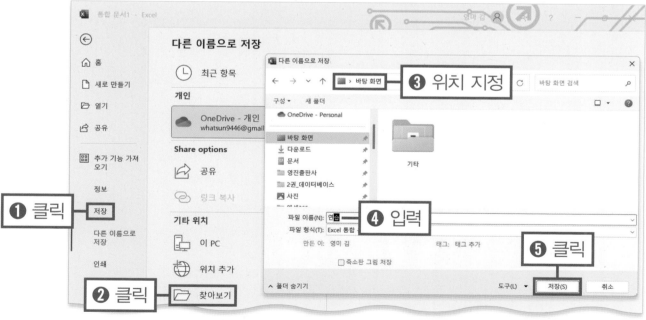

조금 더
배우기

저장한 파일을 불러올 때도 [파일] 탭의 [열기]을 클릭한 후 '기타 위치'에서 [찾아보기]를 클릭하여
파일을 찾을 수 있습니다.

3 ..... 제목표시줄의 이름이 '연습.xlsx'로 변경된 것을 확인할 수 있습니다.

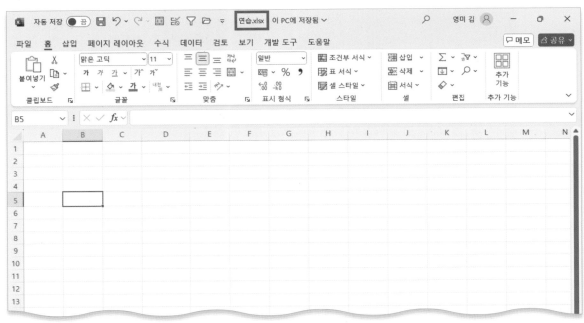

엑셀 파일의 확장자는 xlsx입니다.

4 ..... 바탕 화면에도 '연습.xlsx'로 저장된 것을 확인할 수 있습니다. 파일을 더블 클릭하여 열어봅니다.

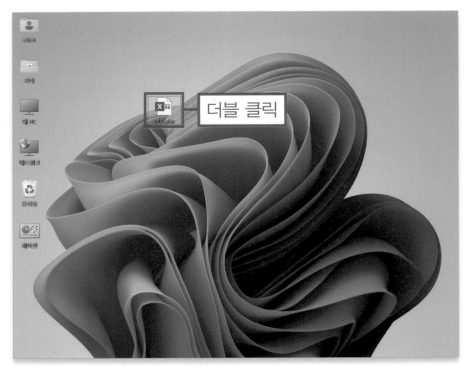

[닫기] 버튼으로 저장하기

1 ····· 상단 오른쪽의 [닫기](×)를 클릭합니다. '저장' 대화상자가 나타나면 '파일 이름'을 입력한 후 [위치 선택] 항목을 눌러 원하는 위치를 지정합니다.

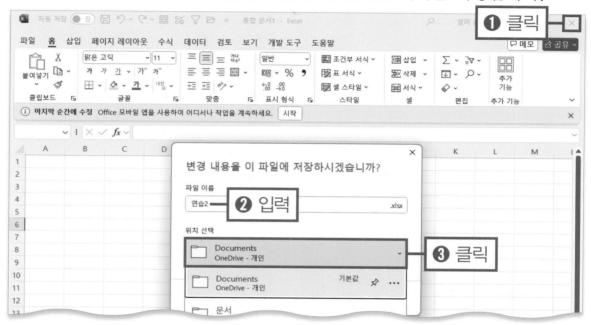

2 ····· 폴더를 지정하여 저장할 때는 [옵션 더 보기...]를 클릭합니다.

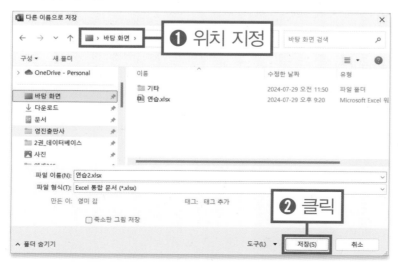

3 ····· '다른 이름으로 저장' 대화상자가 나타나면 위치를 지정한 후 [저장] 버튼을 클릭합니다.

I. 엑셀 365 기본
데이터 입력하기

POINT

엑셀은 입력되는 값이 계산을 목적으로 하는지, 그냥 문자를 나타내는 지에 따라 데이터 종류가 나누어집니다. 이번 장에서는 데이터의 종류를 입력하는 방법을 알아봅니다.

여기서 배워요! 숫자, 문자, 기호 입력하기 / 날짜 및 한자 입력하기 / 데이터 편집하기

완성 화면 미리 보기

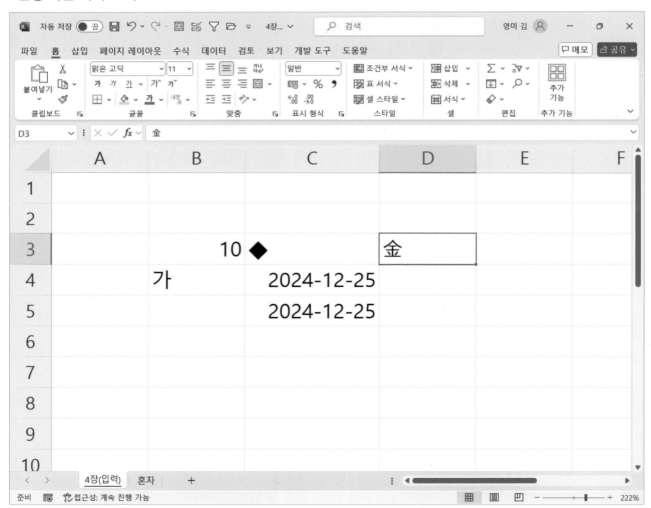

STEP 1 숫자, 문자, 기호 입력하기

1 ····· [엑셀365예제]-[4장] 파일을 불러옵니다. 'B3' 셀에 '10'을 입력하고 'B4' 셀에 '가'를 입력합니다. 두 데이터의 차이점은 정렬로 확인할 수 있습니다. 숫자는 오른쪽 정렬이고 문자는 왼쪽 정렬 즉, 오른쪽 정렬된 숫자가 계산됩니다.

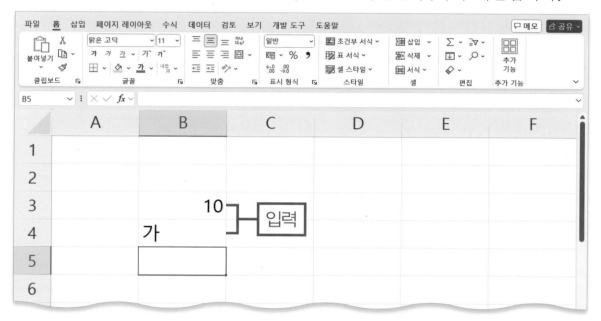

 숫자 이외 다른 기호를 입력하면 문자가 됩니다. 하지만 '$', '%', '/', '-' 등은 예외입니다.

2 ····· 기호를 입력하기 위해 'C3' 셀에 자음 'ㅁ'을 입력한 후 키보드의 [한자]를 누릅니다.

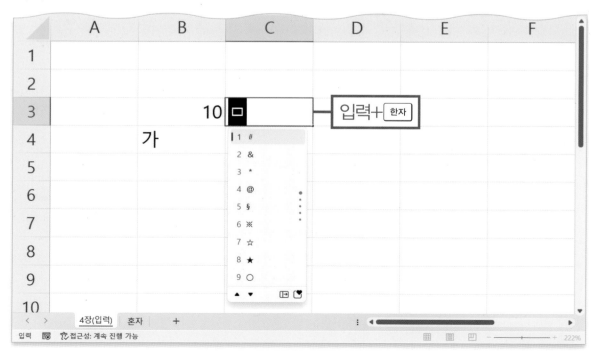

3 ····· 키보드의 Tab ⇄ 을 눌러 기호를 확장한 후 [◆]를 클릭합니다.

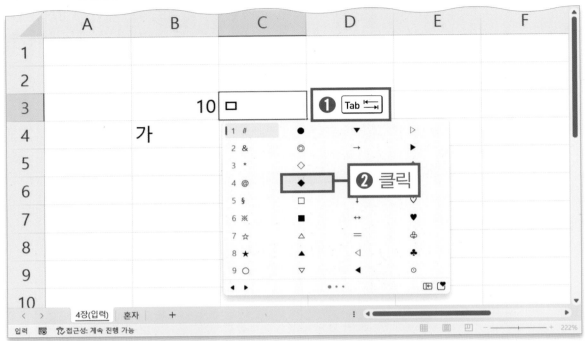

4 ····· '◆'가 입력된 것을 확인할 수 있습니다.

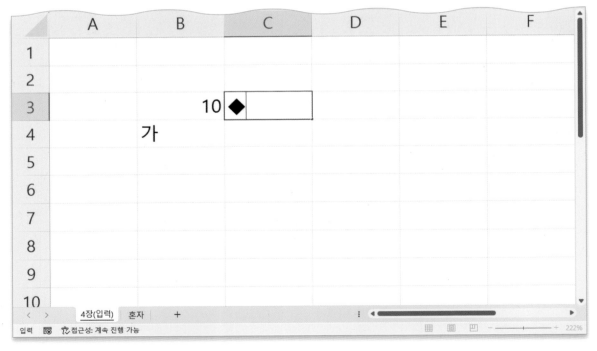

엑셀은 기호 입력 버튼이 있지만, 자음을 누르고 한자 를 눌러 자주 사용합니다. 많이 사용하는 자음의 경우 기본 기호는 'ㅁ', 원문자 기호는 'ㅇ', 단위 기호는 'ㄹ'입니다.

1 날짜를 입력하기 위해 'C4' 셀에 '2024-12-25'를 입력합니다.

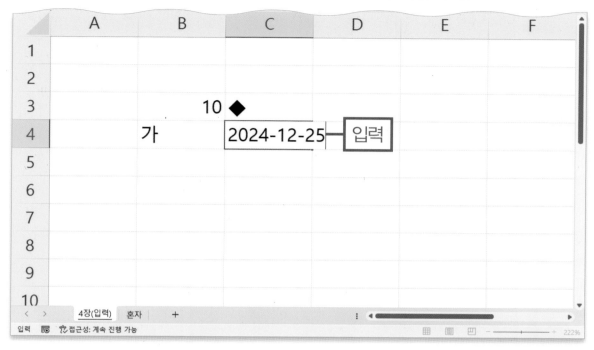

2 날짜가 입력되면서 오른쪽 정렬이 된 것을 확인할 수 있습니다. 이번에는 'C5' 셀에 '2024/12/25'를 입력합니다.

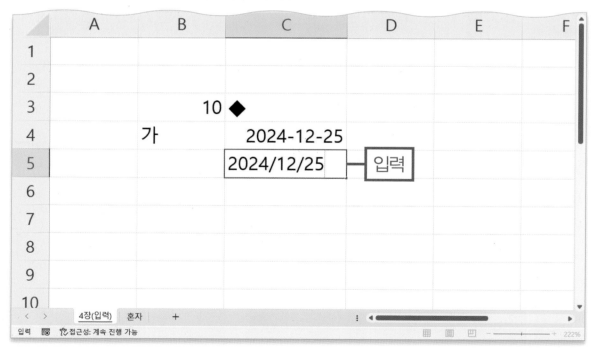

3 ····· '/'로 입력을 해도 '–'으로 변경되면서 'C4' 셀과 동일하게 오른쪽 정렬이 되는 것을 확인할 수 있습니다. 즉, 날짜는 '–'와 '/'로 입력할 수 있고 계산이 가능한 것을 알 수 있습니다.

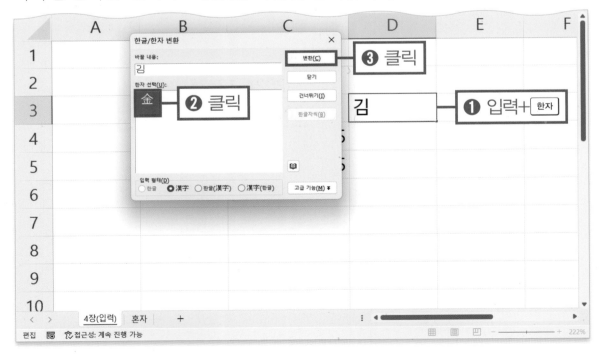

4 ····· 'D3' 셀에 '김'을 입력한 후 [한자]를 누릅니다. '한글/한자 변환' 대화상자가 나타나면 한자를 선택하고 [변환] 버튼을 클릭합니다.

데이터 편집하기

1 ····· 'B3' 셀에서 'D5' 셀까지 드래그한 후 Delete 를 눌러 데이터를 지웁니다.

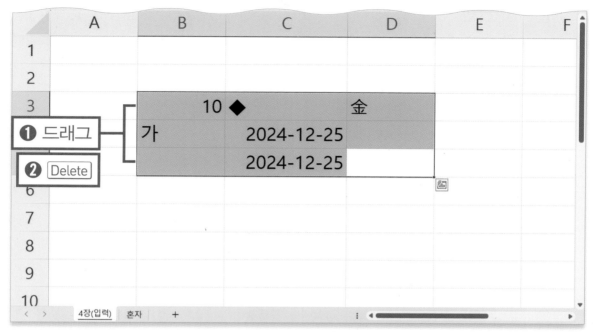

▶ 엑셀에서 데이터를 수정할 때
  – 마우스 더블 클릭
  – 키보드 F2
  – 수식 입력줄

▶ 엑셀에서 데이터를 지울 때
  – 키보드 Backspace : 단일 데이터를 지울 때
  – 키보드 Delete : 전체 및 단일 데이터를 지울 때

2 ····· 'C4' 셀에 숫자 '1'을 입력한 후 Enter↵ 를 누릅니다.

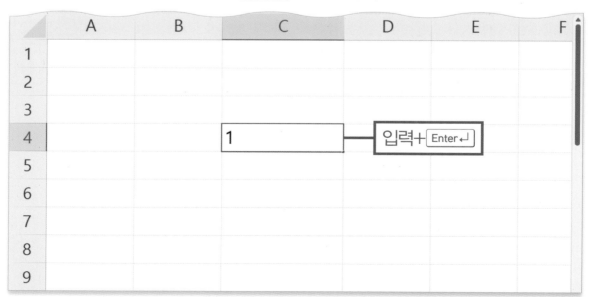

3 ...... 데이터가 '1'이 아니라 '1900-01-01'로 입력된 것을 확인할 수 있습니다. 이 것은 앞 전에 날짜 데이터가 입력되어 있었기 때문입니다. 이 날짜는 서식 과 같아서 키보드의 Delete 를 누르면 데이터만 지워지고 날짜 서식은 남아 있습니다.

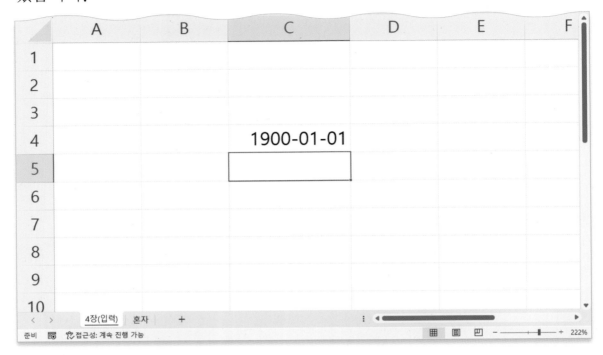

4 ...... 정확히 데이터를 깔끔하게 지우려면 지울 셀을 드래그해 선택한 후 [홈] 탭-[편 집] 그룹에서 [지우기]-[모두 지우기]를 차례대로 클릭합니다.

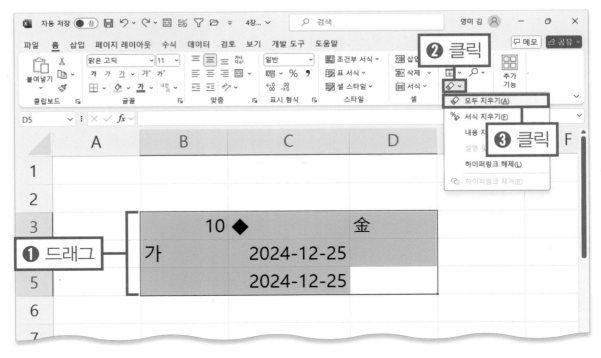

5 ······ '4강(입력)' 시트에 다음과 같이 입력합니다.

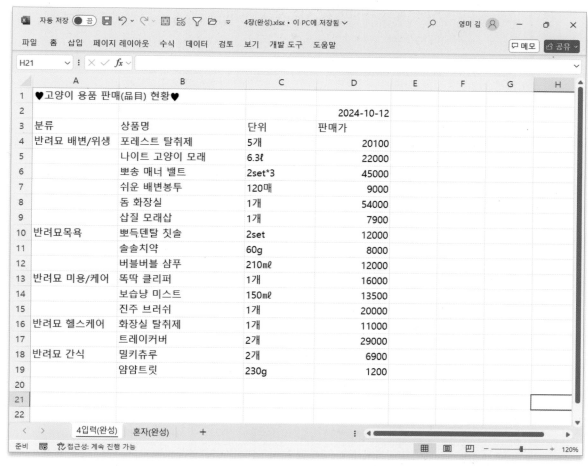

혼자서도 만들 수 있어요!

1 [엑셀365예제]–[4장] 파일에서 [혼자] 시트를 클릭한 다음 보기와 같이 데이터와 날짜를 입력해 보세요.

2			2024-12-03
3	분류	상품명	판매가
4	영양&케어	아이 멀티밤	12000
5		액상유산균	30000
6		와우 오메가3	20000
7	쮸릿	명태살&북어파우더	15000
8		연어살	12000
9		닭 가슴살	80000
10	채소	찐고구마	12000
11		무농약 당근	8000
12		달다 단호박	8000
13	큐어	오징어트릿	12000
14		노른자트릿	16000
15			
16			
17			

4입력(완성) 혼자(완성) +

2 보기와 같이 기호와 한자를 입력해 보세요.

	A	B	C	D	E	F
1	★ 반려犬 간식 판매 현황 ★					
2				2024-12-03		
3	분류	상품명	단위	판매가		
4	영양&케어	아이 멀티밤	1개	12000		
5		액상유산균	1ℓ	30000		
6		와우 오메가3	50g	20000		
7	쮸릿	명태살&북어파우더	15g x 4개	15000		
8		연어살	15g x 5개	12000		
9		닭 가슴살	130g	80000		
10	채소	찐고구마	2set	12000		
11		무농약 당근	3set	8000		
12		달다 단호박	4set	8000		
13	큐어	오징어트릿	1봉지	12000		
14		노른자트릿	1봉지	16000		
15						
16						
17						

4입력(완성) 혼자(완성) +

 HINT
- '★'기호 데이터는 자음 'ㅁ'을 입력한 후 한자 를 눌러 사용
- 단위 기호는 자음 'ㄹ'을 입력한 후 한자 를 눌러 사용
- '犬' 한자 데이터는 '견'을 입력한 후 한자 를 눌러 사용

데이터 자동채우기

POINT

자동채우기 기능은 연속하는 셀에 자동으로 숫자, 문자, 날짜/시간 데이터를 채우는 기능입니다. 이번 장에서는 여러 가지 자동채우기 기능을 익혀보겠습니다.

여기서 배워요! 숫자, 문자, 날짜 자동채우기 / 사용자 지정 목록 다루기

완성 화면 미리 보기

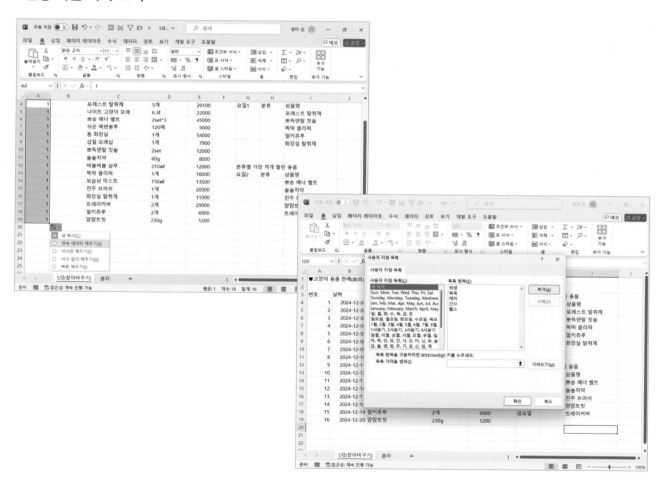

숫자, 문자, 날짜 자동채우기

1 ..... [엑셀365예제]-[5장] 파일을 불러옵니다. 숫자를 연속으로 자동채우기하기 위해 'A4' 셀에 '1'을 입력한 후 셀 포인터의 오른쪽 아래 [자동채우기 조절점]에 마우스 포인터를 올립니다. 마우스 포인터가 (⊕)에서 (✛)로 변경됩니다. 'A19' 셀까지 드래그합니다.

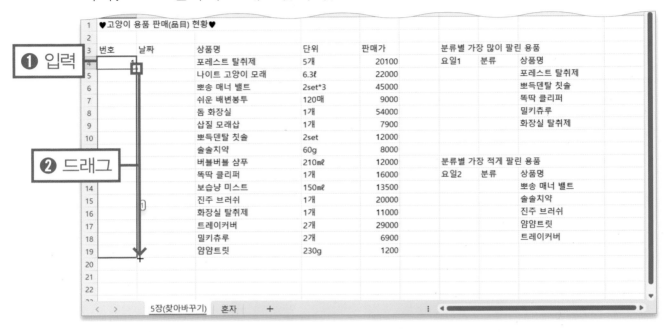

2 ..... '1'로 셀이 복사되면 오른쪽 아래에 있는 [자동채우기 옵션](🔳) 버튼을 클릭한 후 [연속 데이터 채우기]를 클릭합니다.

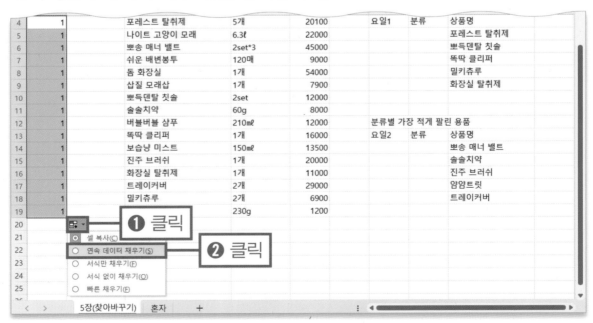

'A1' 셀에 '1'을 입력하고 'A2' 셀에 '4'를 입력한 후 같이 선택한 다음 '자동채우기 조절점'을 아래로 드래그하면 단계값 만큼 채워집니다.

3 ..... 날짜를 평일 단위로 채우기 위해 'B4' 셀에 '2024-12-01'을 입력한 다음 [자동채우기 조절점](⊞)에 마우스 포인터를 올리고 'B19' 셀까지 드래그합니다.

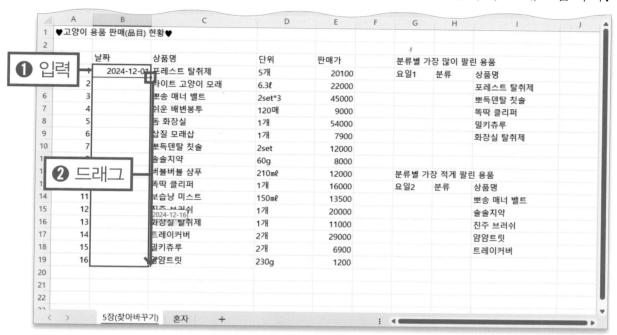

4 ..... 일 단위로 셀이 복사되면 오른쪽 아래에 있는 [자동채우기 옵션](⊞▼) 버튼을 클릭한 후 [평일 단위 채우기]를 클릭합니다.

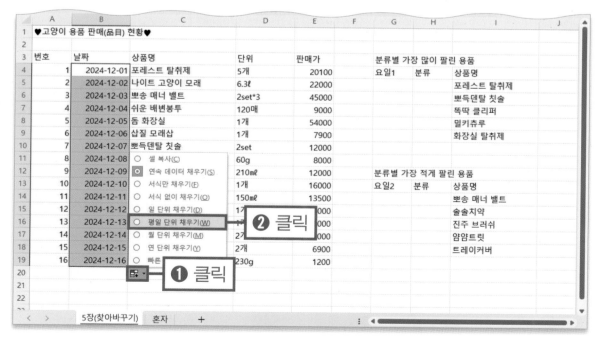

5 ····· 문자 데이터 자동채우기 중 요일을 채우려면 'G5' 셀에 '월'을 입력한 다음 [자동채우기 조절점](+)에 마우스 포인터를 올리고 'G9' 셀까지 드래그합니다.

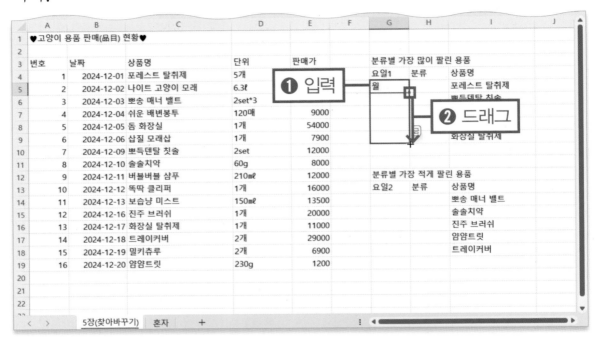

6 ····· 다시 'G14' 셀에 '월요일'을 입력한 다음 [자동채우기 조절점](+)에 마우스 포인터를 올리고 'G18' 셀까지 드래그합니다.

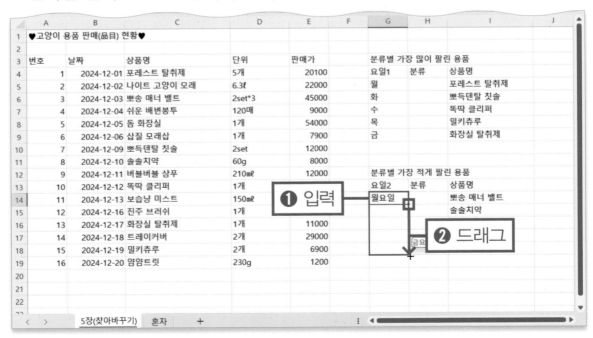

문자 데이터는 무조건 증가하면서 채워지는 것이 아니라 '사용자 지정 목록'에 등록된 데이터만 자동으로 증가하면서 채워집니다. '사용자 지정 목록'에 등록되어 있지 않은 데이터는 복사됩니다.

사용자 지정 목록 다루기

1 ⋯⋯ 증가하고자 하는 문자 데이터를 등록하기 위해 메뉴에서 [파일] 탭을 클릭합니다. 왼쪽 하단에서 [옵션]을 클릭합니다.

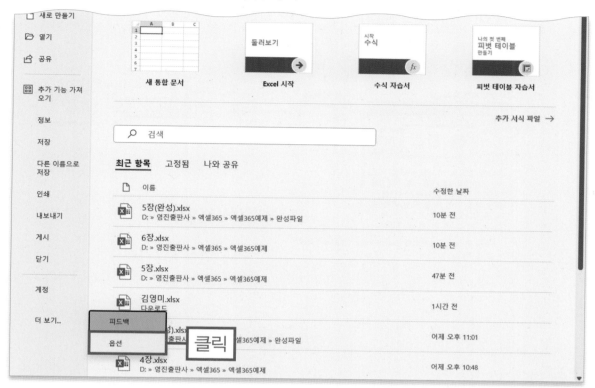

2 ⋯⋯ 'Excel 옵션' 대화상자가 나타나면 [고급]을 클릭한 후 스크롤을 아래로 내려 [사용자 지정 목록 편집] 버튼을 클릭합니다.

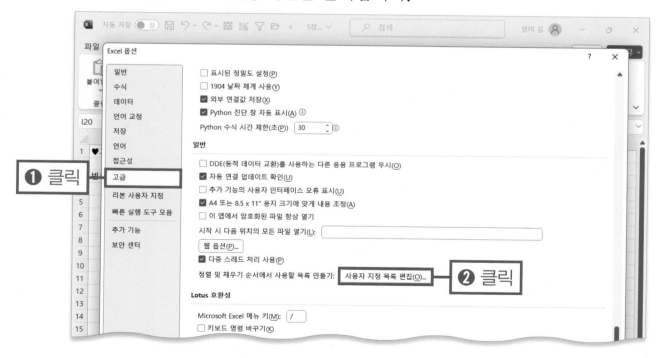

3 ····· '사용자 지정 목록' 대화상자가 나타나면 '사용자 지정 목록'을 [새 목록]으로 지정한 다음 '목록 항목'에 '위생, 목욕, 케어, 간식, 헬스'를 입력한 후 [추가] 버튼을 클릭합니다.

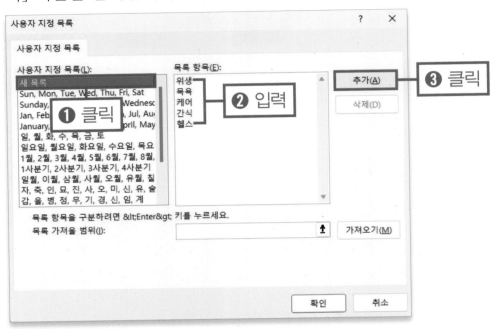

 '목록 항목'에 등록하는 방법으로 [Enter↵]를 누르거나 ','로 입력합니다.

4 ····· '사용자 지정 목록' 아래에 입력한 데이터가 등록된 것을 확인한 후 [확인] 버튼을 클릭합니다.

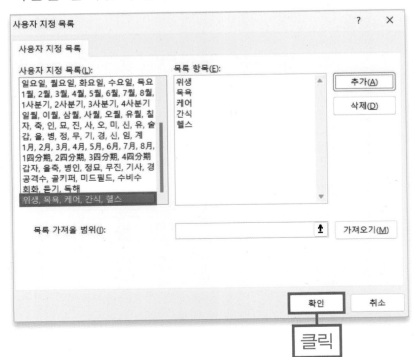

5 ····· 다시 'Excel 옵션' 대화상자가 나타나면 [확인] 버튼을 클릭합니다.

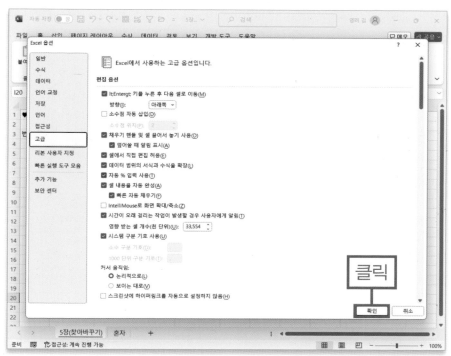

6 ····· 'H5' 셀에 '위생'을 입력한 다음 [자동채우기 조절점](⊞)에 마우스 포인터를 올리고 'G18' 셀까지 드래그합니다. 데이터가 순서대로 채워진 것을 확인할 수 있습니다.

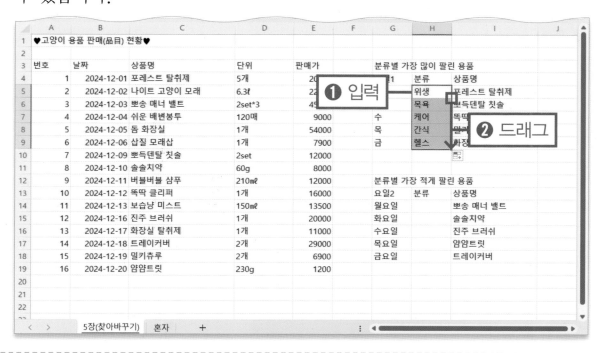

조금 더 배우기

'H14' 셀에도 '위생'을 입력한 다음 [자동채우기 조절점](⊞)에 마우스 포인터를 올리고 'H18' 셀까지 드래그합니다.

혼자서도 만들 수 있어요!

1 [엑셀365예제]–[5장] 파일에서 [혼자] 시트를 클릭한 다음 보기와 같이 자동채우기 해 보세요.

	번호	날짜	상품명	단위	판매가			
1	★ 반려犬 간식 판매 현황 ★							
2								
3	번호	날짜	상품명	단위	판매가			
4	1	2024-11-01	아이 멀티밤	1개	12000	분류별 가장 많이 팔린 용품		
5	2	2024-11-04	액상유산균	1ℓ	30000	요일	분류	상품명
6	3	2024-11-05	와우 오메가3	50g	20000	화요일		아이 멀티밤
7	4	2024-11-06	명태살&북어파우더	15g x 4개	15000	수요일		명태살&북어파우더
8	5	2024-11-07	연어살	15g x 5개	12000	목요일		찐고구마
9	6	2024-11-08	닭 가슴살	130g	80000	금요일		오징어트릿
10	7	2024-11-11	찐고구마	2set	12000			
11	8	2024-11-12	무농약 당근	3set	8000			
12	9	2024-11-13	달다 단호박	4set	8000	분류별 가장 적게 팔린 용품		
13	10	2024-11-14	오징어트릿	1봉지	12000	요일	분류	상품명
14	11	2024-11-15	노른자트릿	1봉지	16000	화요일		액상유산균
15						수요일		연어살
16						목요일		무농약 당근
17						금요일		노른자트릿

HINT 'A4' 셀에 '1'을 입력한 후 [자동채우기 조절점]을 'A14' 셀까지 드래그 → [자동채우기 옵션] 버튼을 클릭한 후 [연속 데이터 채우기] → 'B4' 셀에 '2024-11-1'을 입력한 다음 [자동채우기 조절점]에 마우스 포인터를 올리고 'B14' 셀까지 드래그 → 'G6' 셀에 '화요일'을 입력한 다음 [자동채우기 조절점]에 마우스 포인터를 올리고 'G9' 셀까지 드래그 → 'G14' 셀에 '화요일'을 입력한 다음 [자동채우기 조절점]에 마우스 포인터를 올리고 'G17' 셀까지 드래그

2 엑셀 옵션에서 사용자 지정 목록 편집을 이용하여 분류 부분에 '영양, 쭈릿, 채소, 큐어'가 나오도록 자동 채우기해 보세요.

	번호	날짜	상품명	단위	판매가			
1	★ 반려犬 간식 판매 현황 ★							
2								
3	번호	날짜	상품명	단위	판매가			
4	1	2024-11-01	아이 멀티밤	1개	12000	분류별 가장 많이 팔린 용품		
5	2	2024-11-04	액상유산균	1ℓ	30000	요일	분류	상품명
6	3	2024-11-05	와우 오메가3	50g	20000	화요일	영양	아이 멀티밤
7	4	2024-11-06	명태살&북어파우더	15g x 4개	15000	수요일	쭈릿	명태살&북어파우더
8	5	2024-11-07	연어살	15g x 5개	12000	목요일	채소	찐고구마
9	6	2024-11-08	닭 가슴살	130g	80000	금요일	큐어	오징어트릿
10	7	2024-11-11	찐고구마	2set	12000			
11	8	2024-11-12	무농약 당근	3set	8000			
12	9	2024-11-13	달다 단호박	4set	8000	분류별 가장 적게 팔린 용품		
13	10	2024-11-14	오징어트릿	1봉지	12000	요일	분류	상품명
14	11	2024-11-15	노른자트릿	1봉지	16000	화요일	영양	액상유산균
15						수요일	쭈릿	연어살
16						목요일	채소	무농약 당근
17						금요일	큐어	노른자트릿

HINT [파일] 탭을 클릭한 후 왼쪽 하단에 [옵션]을 클릭 → [고급]을 클릭한 후 스크롤을 아래로 내려 [사용자 지정 목록 편집] 버튼을 클릭 → '목록 항목'을 '영양,쭈릿,채소,큐어'로 입력한 후 [추가] 버튼을 클릭 → [확인] 버튼을 클릭 – 'Excel 옵션' 대화상자가 나타나면 [확인] 버튼을 클릭 → 'H6' 셀에 '영양'을 입력한 다음 [자동채우기 조절점]에 마우스 포인터를 올리고 'G9' 셀까지 드래그 → 'H14' 셀에 '영양'을 입력한 다음 [자동채우기 조절점]에 마우스 포인터를 올리고 'H17' 셀까지 드래그

찾아 바꾸기

POINT

엑셀에서 데이터를 입력하고 사용하다 보면 데이터 양이 점점 많아집니다. 이 많은 데이터에서 일부 데이터를 변경해야 할 때 일일이 그 위치로 찾아가서 변경하면 시간이 많이 걸릴 겁니다. 이럴 경우 찾아 바꾸기 기능을 이용하면 한 번에 데이터를 수정할 수 있습니다.

여기서 배워요! 데이터 찾아 바꾸기

완성 화면 미리 보기

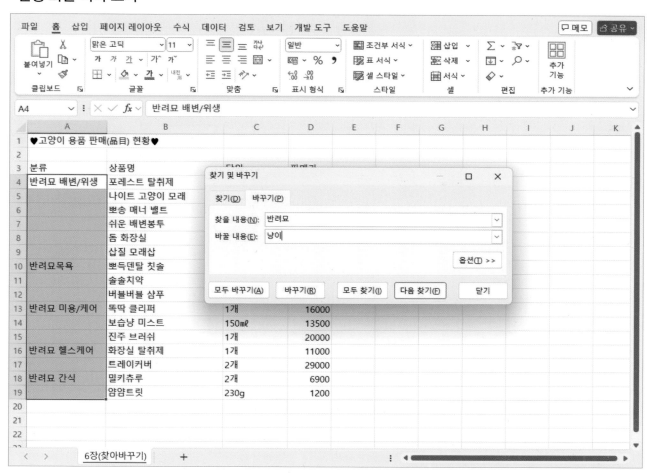

1 ····· [엑셀365예제]–[6장] 파일을 불러온 다음 'A4' 셀부터 'A19' 셀까지 드래그합니다.

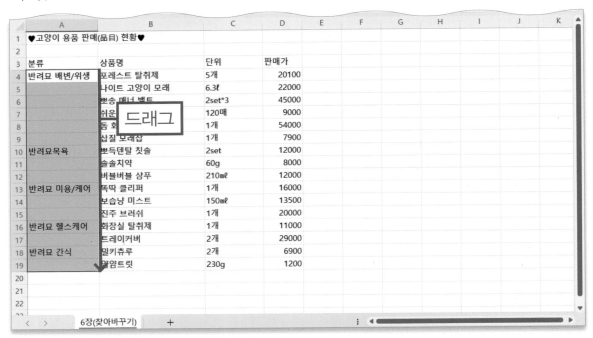

2 ····· [홈] 탭–[편집] 그룹에서 [찾기 및 선택]–[바꾸기]를 차례대로 클릭합니다.

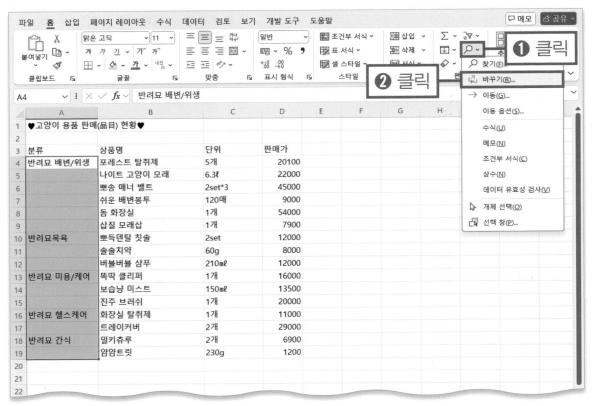

3 ..... '찾기 및 바꾸기 '대화상자가 나타나면 '찾을 내용'에 '반려묘'를 입력하고 '바
꿀 내용'에 '냥이'를 입력한 후 [모두 바꾸기] 버튼을 클릭합니다. 'Microsoft
Excel' 대화상자가 나타나면 [확인] 버튼을 클릭합니다.

4 ..... 다시 '찾기 및 바꾸기' 대화상자가 나타나면 [닫기] 버튼을 눌러 바뀐 데이터
를 확인합니다.

5 ..... 이번에는 '케어'를 '관리'로 변경하기 위해 '찾을 내용'에 '케어', '바꿀 내용'에
'관리'를 입력한 후 [모두 바꾸기] 버튼을 클릭합니다. 'Microsoft Excel' 대화
상자가 나타나면 [확인] 버튼을 클릭합니다.

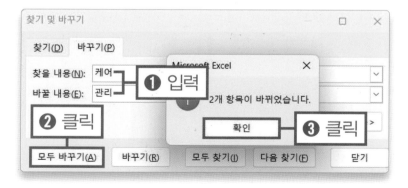

찾아 바꾸기 기능에서 데이터를 변경할 땐 서식이 적용되어 있어도 기본 형식에는 데이터만 선택되어 있기 때문에 그대로 찾아서 바꾸면 됩니다. 만약 서식이 적용된 데이터를 찾아 바꿀 땐 [옵션] 버튼을 눌러 설정하면 됩니다.

혼자서도 만들 수 있어요!

1 [엑셀365예제]-[6장] 파일에서 [혼자] 시트를 클릭한 다음 보기와 같이 '분류별 가장 많이 팔린 용품'의 요일을 바꿔보세요.

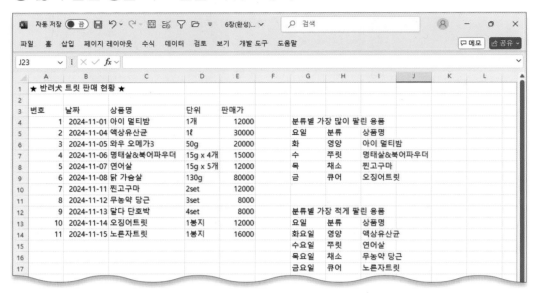

HINT [G6] 셀에서 [G9] 셀까지 블록 설정 → [홈] 탭-[편집] 그룹-[찾기 및 선택]-[바꾸기] 클릭 → [찾을 내용]에 '요일' 입력, [바꿀 내용]은 비워두고 [모두 바꾸기] 클릭 → 바뀌었다는 대화상자가 나타나면 [확인] 버튼 클릭

2 보기와 같이 '트릿'을 '간식'으로 변경해 보세요.

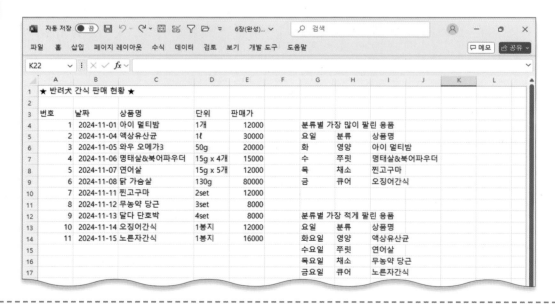

HINT 아무 데이터를 클릭한 후 [홈] 탭-[편집] 그룹-[찾기 및 선택]-[바꾸기] 클릭 → [찾을 내용]에 '트릿' 입력, [바꿀 내용]에 '간식' 입력 후 [모두 바꾸기] 클릭 → 바뀌었다는 대화상자가 나타나면 [확인] 버튼 클릭

I. 엑셀 365 기본
셀 서식 다루기

POINT

이번 장은 [홈] 탭을 이용한 글자 및 맞춤 서식과 셀 서식을 이용한 테두리 및 채우기 서식에 대해 알아봅니다.

여기서 배워요! [홈] 탭으로 글자 및 맞춤 서식 지정하기 / 셀 서식으로 테두리 서식 지정하기

완성 화면 미리 보기

1 ..... [엑셀365예제]-[7장] 파일을 불러옵니다. 제목 서식을 변경하기 위해 [A1] 셀을 클릭한 후 [홈] 탭-[글꼴] 그룹에서 '글꼴'을 [HY견고딕], '글자 크기'를 [16]으로 지정합니다.

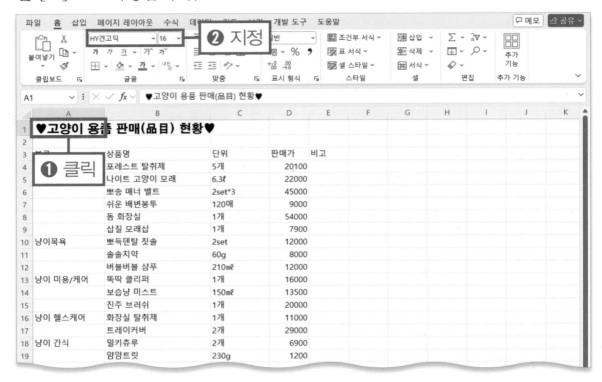

2 ..... [A3] 셀에서 [E3] 셀까지 드래그하여 선택합니다. [홈] 탭-[글꼴] 그룹에서 '글꼴'을 [맑은 고딕], '글자 크기'를 [14], [굵게]로 지정합니다.

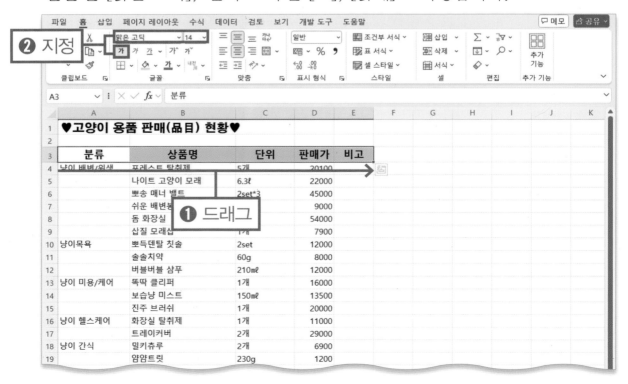

3 ..... [A4] 셀에서 [C19] 셀까지 선택한 후 [글꼴] 그룹에서 '글꼴'을 [맑은 고딕], '글자 크기'를 [12]로 지정합니다. 이후 [가운데 맞춤]을 클릭합니다.

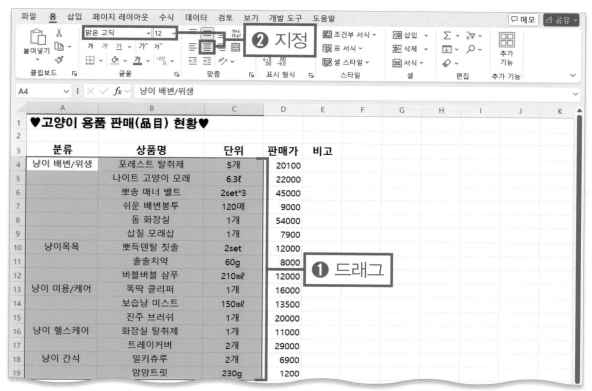

4 ..... [A1] 셀부터 [E1] 셀까지 드래그하여 선택한 후 [맞춤] 그룹에서 [병합하고 가운데 맞춤]을 클릭합니다.

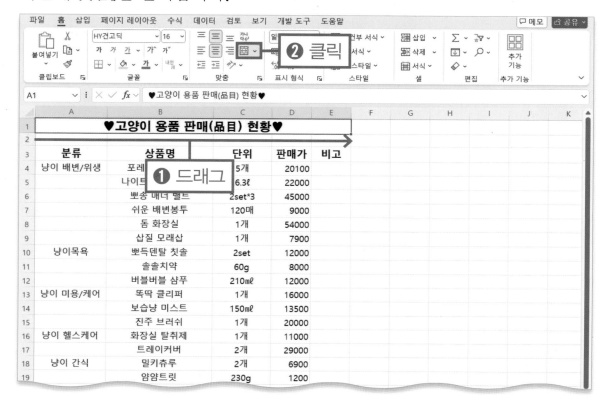

5 [A4] 셀부터 [A9] 셀까지 드래그하여 선택한 후 Ctrl을 누른 상태로 [A10]에서 [A12] 셀, [A13]에서 [A15] 셀, [A16]에서 [A17] 셀, [A18]에서 [A19] 셀, [E4]에서 [E19] 셀까지 선택합니다. [맞춤] 그룹에서 [병합하고 가운데 맞춤]을 클릭합니다.

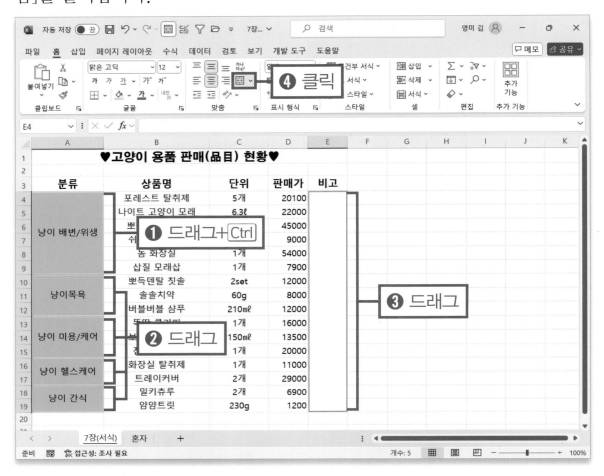

셀 서식으로 테두리 서식 지정하기

1 ┄┄┄┄ [A3]부터 [E19] 셀까지 드래그해 선택한 후 마우스 오른쪽 버튼을 눌러 [셀 서식]을 클릭합니다.

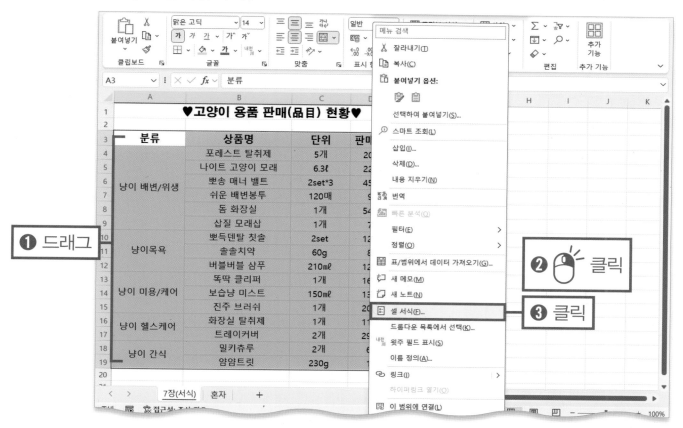

2 ┄┄┄┄ '셀 서식' 대화상자가 나타나면 [테두리] 탭을 클릭한 후 '선 스타일'을 보기와 같이 [굵은] 스타일로 선택합니다. '미리 설정'에서 [윤곽선]을 클릭합니다.

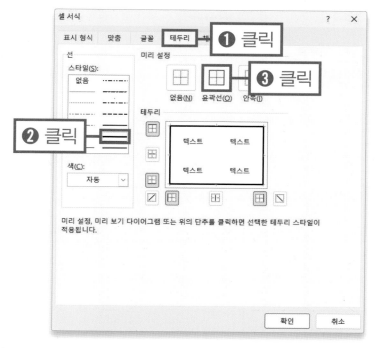

3 ⋯⋯ 이번에는 '선 스타일'을 [일반 실선]으로 선택한 다음 '미리 설정'에서 [안쪽]을 클릭합니다. [확인] 버튼을 클릭합니다.

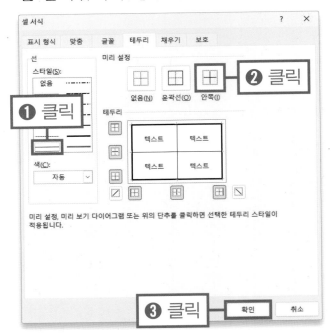

4 ⋯⋯ [A3]부터 [E3] 셀까지 드래그하여 선택한 후 마우스 오른쪽 버튼을 눌러 [셀 서식]을 클릭합니다.

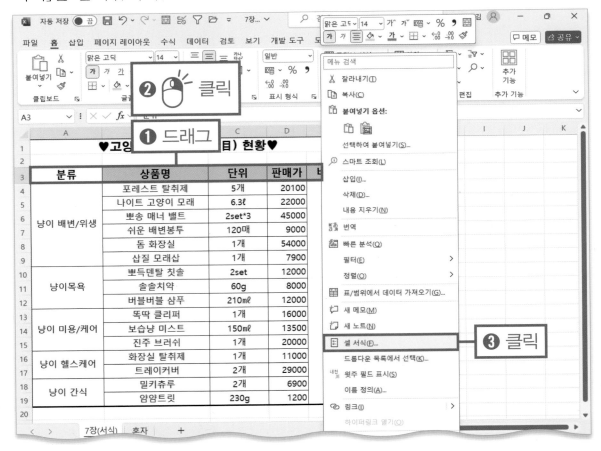

5 …… '셀 서식' 대화상자가 나타나면 [테두리] 탭을 클릭한 후 '선 스타일'을 [이중 실선], '테두리'는 [아래쪽]을 선택합니다. [확인] 버튼을 클릭합니다.

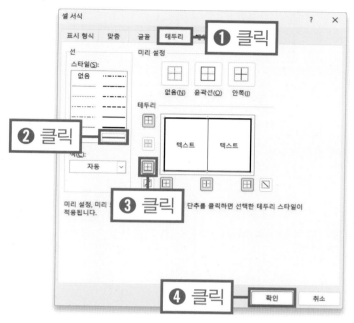

6 …… 병합된 [E4] 셀을 클릭한 후 마우스 오른쪽 버튼을 누른 다음 [셀 서식]을 클릭합니다.

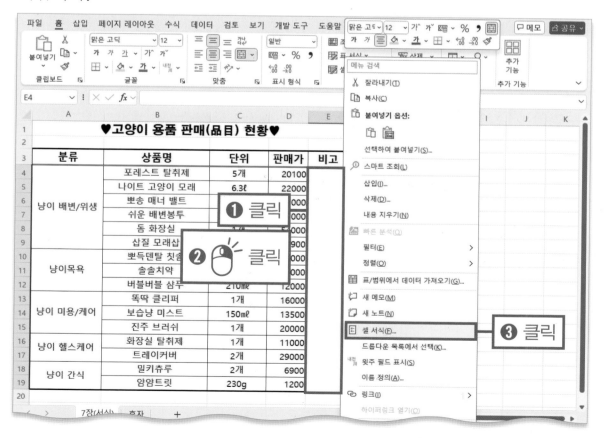

7 ····· '셀 서식' 대화상자가 나타나면 [테두리] 탭에서 '선 스타일'을 [일반 실선]으로 선택한 다음 '테두리'에서 [좌우 대각선]을 각각 클릭합니다. [확인] 버튼을 클릭합니다.

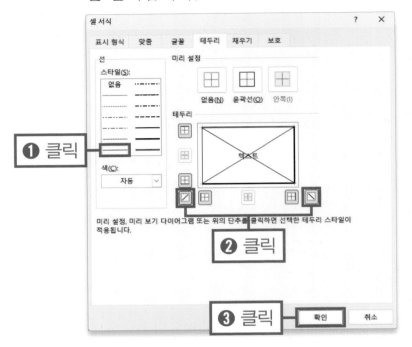

8 ····· [A3]에서 [E3]셀까지 드래그해 선택합니다. [홈] 탭-[글꼴] 그룹에서 [채우기 색]을 클릭한 다음 [연한 파랑]을 클릭합니다.

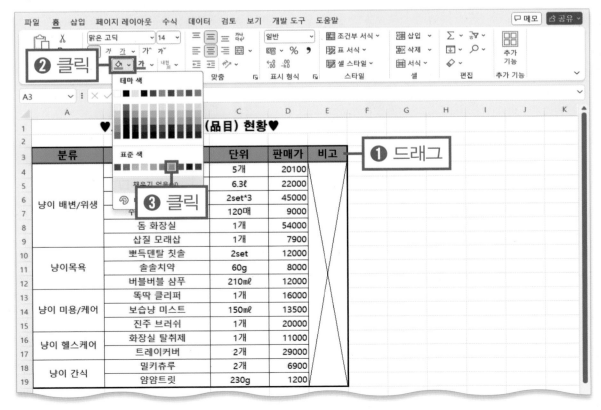

혼자서도 만들 수 있어요!

1 [엑셀365예제]-[7장] 파일에서 [혼자] 시트를 클릭한 다음 보기와 같이 [홈] 탭을 이용하여 글자 및 맞춤 서식을 지정해 보세요.

★ 반려犬 간식 판매 현황 ★			
분류	**상품명**	**단위**	**판매가**
영양&케어	아이 멀티밤	1개	12000
	액상유산균	1ℓ	30000
	와우 오메가3	50g	20000
쭈릿	명태살&북어파우더	15g x 4개	15000
	연어살	15g x 5개	12000
	닭 가슴살	130g	80000
채소	찐고구마	2set	12000
	무농약 당근	3set	8000
	달다 단호박	4set	8000
큐어	오징어트릿	1봉지	12000
	노른자트릿	1봉지	16000
파우더			

HINT [A1] 셀을 클릭한 후 [홈] 탭-[글꼴] 그룹에서 [맑은 고딕], [18], [진하게]. [연한 파랑] 지정 → [A1]~[D1] 셀까지 선택 후 [홈] 탭-[맞춤] 그룹에서 [병합하고 가운데 맞춤] 클릭 → [A3]~[D15] 셀까지 선택 후 [글꼴] 그룹에서 [맑은 고딕], [12] 지정 → [A3]~[D3], [A4]~[A15] 셀은 [글꼴] 그룹에서 [굵게], [가운데 맞춤] 지정 → [B4]~[C14] 셀까지 [가운데 맞춤] 지정

2 셀 서식을 이용하여 테두리 및 채우기 색을 지정해 보세요.

★ 반려犬 간식 판매 현황 ★			
분류	**상품명**	**단위**	**판매가**
영양&케어	아이 멀티밤	1개	12000
	액상유산균	1ℓ	30000
	와우 오메가3	50g	20000
쭈릿	명태살&북어파우더	15g x 4개	15000
	연어살	15g x 5개	12000
	닭 가슴살	130g	80000
채소	찐고구마	2set	12000
	무농약 당근	3set	8000
	달다 단호박	4set	8000
큐어	오징어트릿	1봉지	12000
	노른자트릿	1봉지	16000
파우더			

HINT [A3]~[D3] 셀까지 [홈] 탭-[글꼴] 그룹에서 [채우기 색: 노랑] 지정 → [A3]~[D15] 셀까지 선택하고 마우스 오른쪽 버튼을 누른 후 [셀 서식]에서 [테두리] 탭을 클릭, [선 스타일: 굵은]을 선택한 다음 '미리 설정'에서 [윤곽선]을 클릭, 이번에는 [선 스타일: 일반 실선]으로 선택한 다음 '미리 설정'에서 [안쪽] 클릭 → [A3]~[D3] 셀까지 선택한 후 [셀 서식]에서 [선 스타일: 굵은], [아래쪽] 선택 → [B15]~[D15] 셀 선택 후 [셀 서식]에서 [선 스타일: 일반 실선], [오른쪽 대각선] 선택

I. 엑셀 365 기본

표시 형식 익히기

POINT

엑셀은 계산할 수 있는 데이터가 숫자이고 그 숫자가 오른쪽 정렬이 되어야 계산할 수 있습니다. 하지만 숫자 데이터일 때 단위를 붙여 계산해야 하는 경우 단위는 문자이기 때문에 그냥 붙이면 문자가 되어 계산되지 않습니다. 이럴 때 표시 형식을 이용하면 계산을 할 수 있을 뿐만 아니라 동시에 여러 데이터에 단위 데이터를 붙일 수 있습니다.

여기서 배워요! 숫자, 문자 표시 형식 익히기 / 날짜 표시 형식 익히기

완성 화면 미리 보기

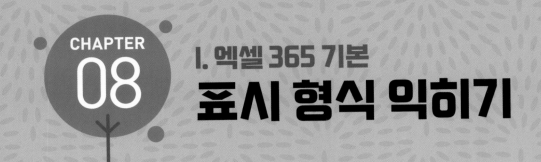

숫자, 문자 표시 형식 익히기

1 ˙˙˙˙˙ [엑셀365예제]-[8장] 파일을 불러옵니다. 단위 영역에 '개'를 붙이기 위해 [C4]에서 [C19] 셀을 드래그해 선택한 후 마우스 오른쪽 버튼을 눌러 [셀 서식]을 클릭합니다.

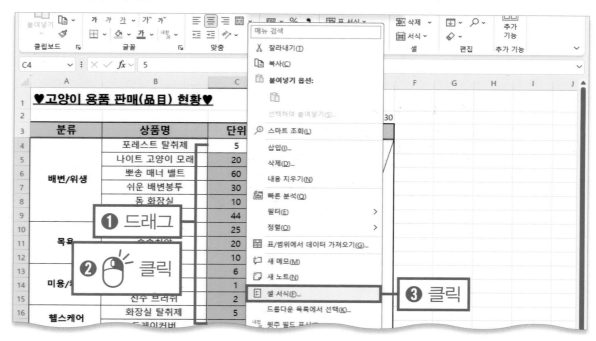

2 ˙˙˙˙˙ '셀 서식' 대화상자가 나타나면 [표시 형식] 탭의 '범주'에서 [사용자 지정]을 클릭합니다. '형식'에서 '0"개"'를 입력한 다음 [확인] 버튼을 클릭합니다.

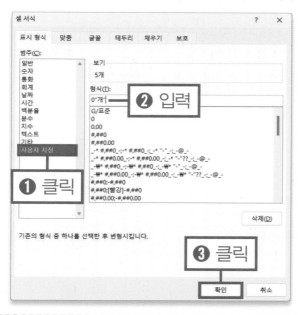

조금 더
배우기

‑ [표시 형식]의 범주는, '일반'부터 '기타'까지는 미리 만들어진 표시 형식 서식이고 '사용자 지정'은 미리 만들어진 서식을 수정하거나 아니면 바로 원하는 서식을 입력하여 사용하는 공간입니다.
‑ 표시 형식에서 #과 0은 숫자를 나타냅니다. 하지만 #은 0이라는 숫자를 인식하지 못해서 셀에 0을 입력하면 빈 공백 처리됩니다.

3 ······ 판매금액 영역에 세 자릿수마다 콤마(,)와 '원'을 붙이기 위해 [D4]에서 [D19] 셀을 드래그해 선택한 후 마우스 오른쪽 버튼을 눌러 [셀 서식]을 클릭합니다.

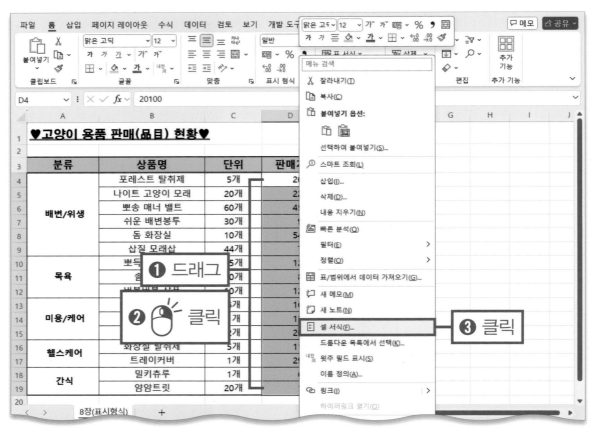

4 ······ '셀 서식' 대화상자가 나타나면 [표시 형식] 탭의 '범주'에서 [숫자]를 클릭합니다. [1000 단위 구분 기호(,) 사용]을 클릭합니다.

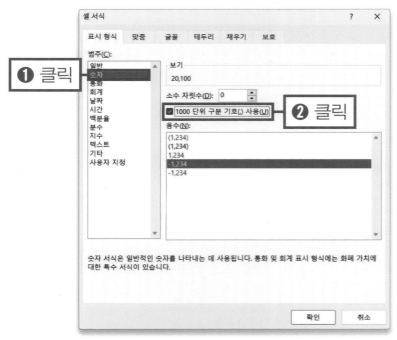

5 ····· 이번에는 '범주'에서 [사용자 지정]을 클릭한 다음 '형식'에서 '#,##0"원"'을 입력합니다. [확인] 버튼을 클릭합니다.

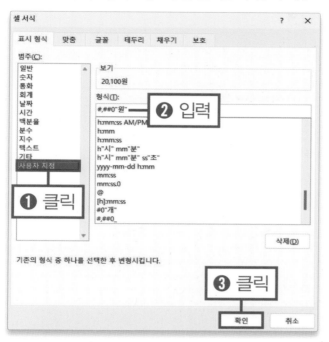

 #,##0는 세 자릿수마다 콤마를 찍고, 마지막 0은 만약 데이터가 0일 경우 0으로 표시한다는 뜻입니다.

6 ····· 분류 영역의 내용 앞에 '냥이'를 붙이기 위해 [A4]에서 [A19] 셀을 드래그해 선택한 후 마우스 오른쪽 버튼을 눌러 [셀 서식]을 클릭합니다.

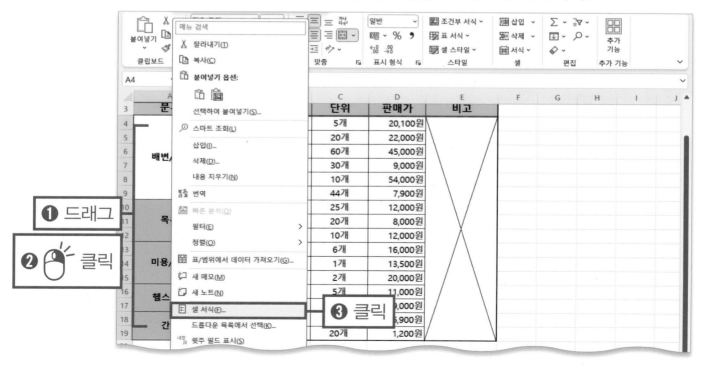

7 ····· '셀 서식' 대화상자가 나타나면 [표시 형식] 탭의 '범주'에서 [텍스트]를 클릭합니다.

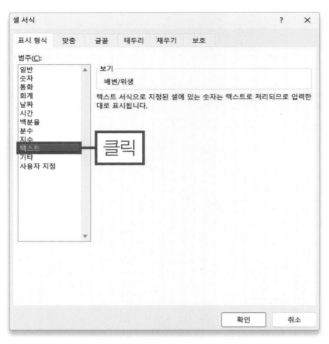

8 ····· 다시 '범주'에서 [사용자 지정]을 클릭합니다. '형식' 란에 입력된 '@' 앞을 클릭한 후 '"냥이"'를 붙입니다. [확인] 버튼을 클릭합니다.

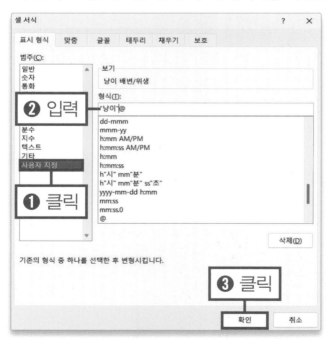

 엑셀에서는 숫자든 문자든 모든 데이터가 문자처럼 인식하기 위해 문자 앞뒤로 ""를 붙입니다.

1 숫자, 문자가 입력된 것을 확인할 수 있습니다. 날짜 데이터를 '년 월 일'로 변경하기 위해 [E2] 셀을 클릭한 후 마우스 오른쪽 버튼을 눌러 [셀 서식]을 클릭합니다.

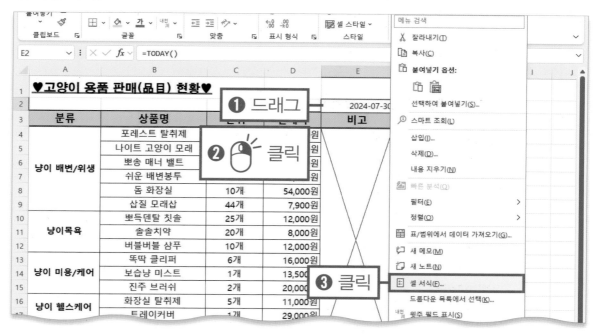

2 '셀 서식' 대화상자가 나타나면 [표시 형식] 탭의 '범주'에서 [날짜]를 클릭한 후 '형식'에서 [2012년 3월 14일]을 선택합니다. [확인] 버튼을 클릭합니다.

날짜 형식에서 나와 있는 연도는 그 연도로 지정되는 것이 아니라 그 연도에 적용된 형식이 지정됩니다.

3 ····· 날짜가 변경된 것을 확인할 수 있습니다. 변경된 전체 데이터를 확인합니다.

혼자서도 만들 수 있어요!

1 [엑셀365예제]-[8장] 파일에서 [혼자] 시트를 클릭한 다음 '판매가'에 세 자리마다 콤마(,)와 '원'을 입력하세요.

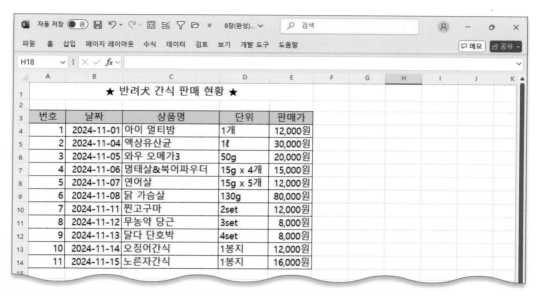

 HINT [E4] 셀부터 [E14] 셀까지 블록 설정 후 마우스 오른쪽 버튼을 눌러 [셀 서식] 클릭 → [표시 형식] 탭-[사용자 지정] 클릭 → [형식]에서 'G/표준'을 지우고 '#,##0원'을 입력한 후 [확인] 버튼 클릭

2 '날짜'를 보기와 같이 짧게 변경해 보세요.

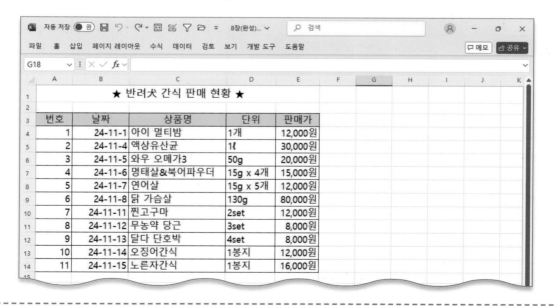

 HINT [B4] 셀부터 [B14] 셀까지 블록 설정 후 마우스 오른쪽 버튼을 눌러 [셀 서식] 클릭 → [표시 형식] 탭-[사용자 지정] 클릭 → [형식]에서 'yy-m-d'를 입력한 후 [확인] 버튼 클릭

I. 엑셀 365 기본
시트 다루기

POINT

엑셀은 255개의 시트를 추가하여 사용할 수 있습니다. 또한 엑셀의 시트는 여러 작업 파일을 각각의 시트에서 작업하면서 파일 하나로 관리하기 편하다는 장점이 있습니다. 이번 장에서는 시트를 다루는 방법에 대해 알아봅니다.

여기서 배워요! 시트 이름 바꾸기 / 시트 추가 및 삭제하기 / 시트 이동 및 복사하기

완성 화면 미리 보기

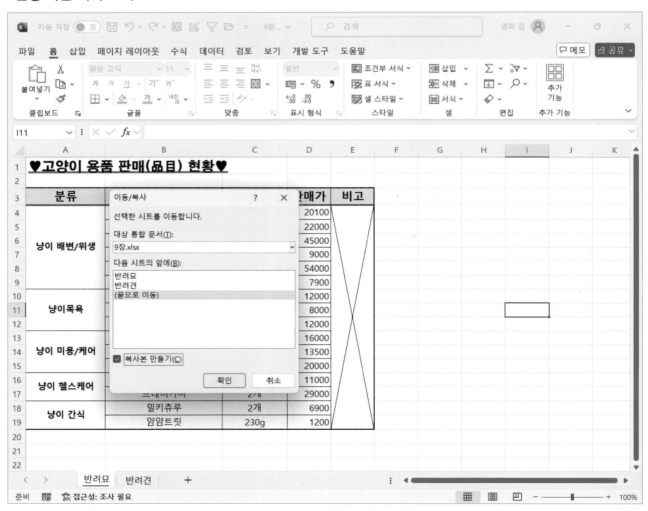

1 ..... [엑셀365예제]–[9장] 파일을 불러옵니다. 시트 이름을 변경하기 위해 [Sheet1] 에 마우스 오른쪽 버튼을 누른 후 [이름 바꾸기]를 클릭합니다.

2 ..... 블록이 설정되면 '반려묘'를 입력한 후 Enter↵ 를 누릅니다.

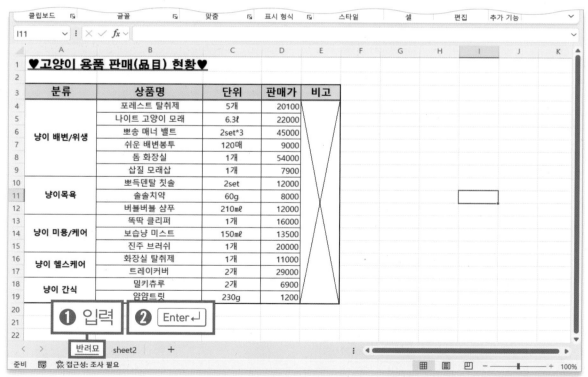

3 이번에는 [Sheet2]를 더블 클릭합니다.

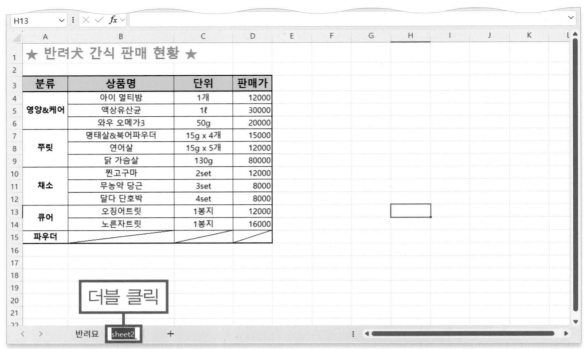

4 블록이 설정되면 '반려견'을 입력하고 Enter↵ 를 누릅니다.

시트 추가 및 삭제하기

1 ..... 시트를 추가하기 위해 '반려견' 시트 명 오른쪽의 [새 시트](➕) 버튼을 클릭합니다.

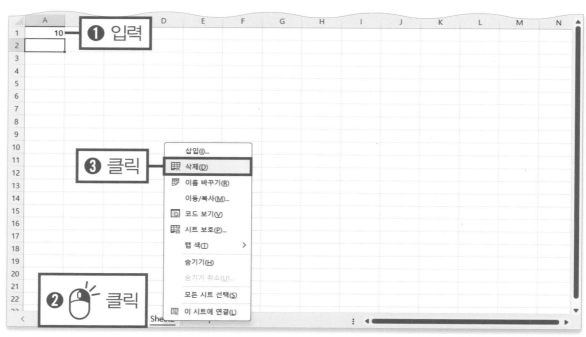

2 ..... 새 시트가 추가됩니다. 이번에는 시트를 삭제하기 위해 추가된 시트의 'A1' 셀에 [10]이라는 숫자를 입력합니다. 삭제할 시트 위에 마우스 오른쪽 버튼을 눌러 [삭제]를 클릭합니다.

 조금더 배우기   시트를 삭제할 때 데이터가 없으면 대화상자 없이 바로 삭제됩니다.

3 ······ 'Microsoft Excel' 대화상자가 나타나면 [삭제] 버튼을 클릭합니다.

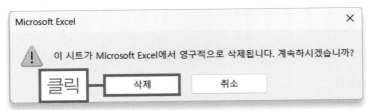

조금 더 배우기 엑셀은 셀에 입력된 데이터는 실행 취소를 할 수 있지만 시트를 삭제하면 실행 취소가 되지 않으니 주의하세요.

STEP 3 시트 이동 및 복사하기

1 ······ 이동하고자 하는 [반려묘] 시트 위에 마우스 오른쪽 버튼을 누른 후 [이동/복사]를 클릭합니다.

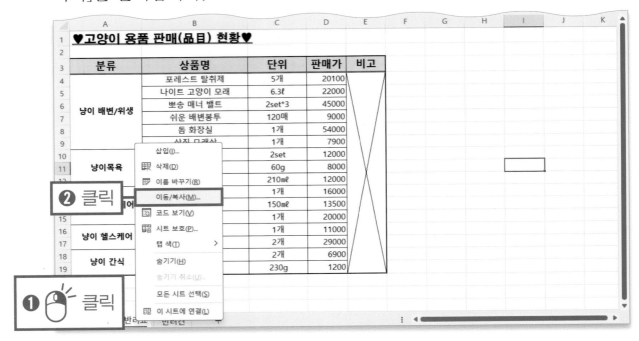

2 ······ '이동/복사' 대화상자가 나타나면 '다음 시트의 앞에' 항목에서 [(끝으로 이동)]을 선택한 후 [확인] 버튼을 클릭합니다. [반려묘] 시트가 [반려견] 시트 뒤로 이동합니다.

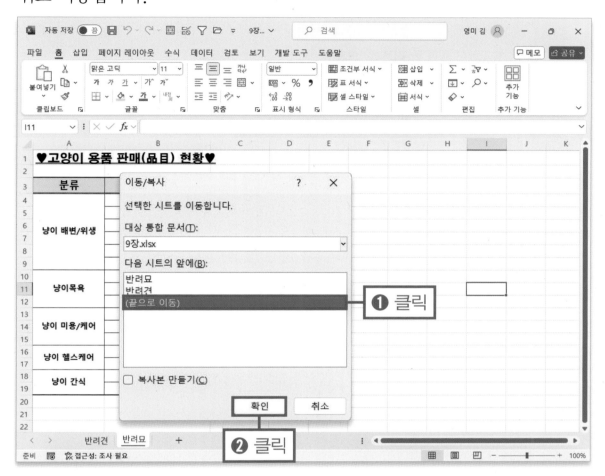

[반려견] 시트에 마우스 포인터를 올리고 [반려묘] 시트 뒤로 드래그해도 이동됩니다.

3 ····· '반려묘' 시트를 복사하기 위해 [반려묘] 시트 위에 마우스 오른쪽 버튼을 눌러 [이동/복사]를 클릭합니다. '이동/복사' 대화상자가 나타나면 '다음 시트의 앞에' 항목에서 [(끝으로 이동)]을 선택하고 [복서본 만들기]를 체크한 다음 [확인] 버튼을 클릭합니다. 동일하게 반려견 시트도 복사합니다.

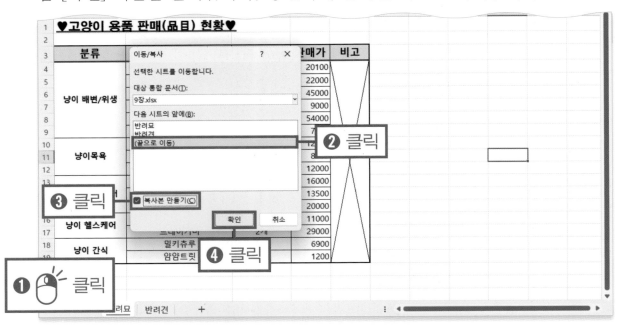

 [반려견] 시트에 마우스 포인터를 올리고 Ctrl을 누른 상태로 [반려묘(2)] 시트 뒤로 드래그하면 복사됩니다.

4 ····· [반려견(2)]가 복사된 것을 확인할 수 있습니다. [반려견(2)] 위에 마우스 오른쪽 버튼을 눌러 [탭 색]에서 [표준색]을 [빨강]으로 지정하면 시트 색상이 변경됩니다.

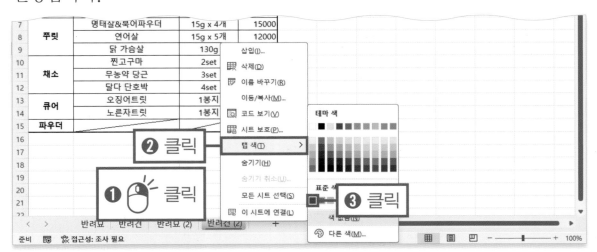

조건부 서식 익히기

POINT

이번 장부터 엑셀 365의 활용 기능을 배워봅니다. 먼저 조건부 서식에 대해 알아봅니다. 조건부 서식이란 원하는 조건을 부여해서 그 조건에 맞는 데이터에 서식을 주어 빠르게 확인할 수 있는 기능입니다.

여기서 배워요! 셀 강조 규칙 지정하기 / 상위 3개 항목에 서식 지정 및 데이터 막대 지정하기 / 조건부 서식 편집 및 지우기

완성 화면 미리 보기

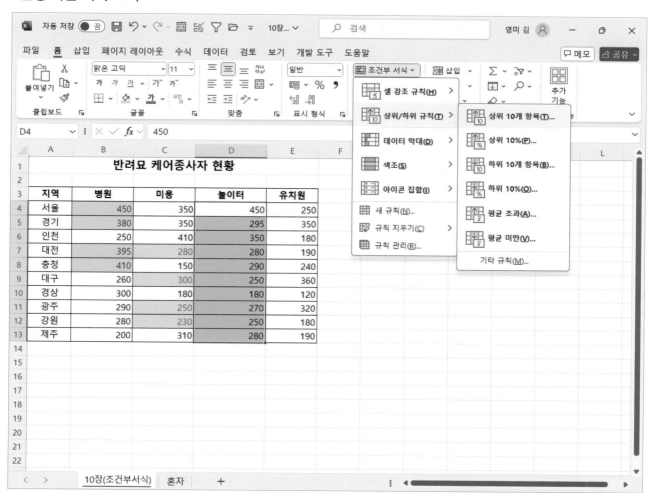

셀 강조 규칙 지정하기

1 [엑셀365예제]-[10장] 파일을 불러옵니다. '병원' 영역에서 '300'보다 큰 데이터에 서식을 지정하기 위해 [병원] 영역을 드래그하여 선택한 후 [홈] 탭-[스타일] 그룹에서 [조건부 서식]을 클릭합니다.

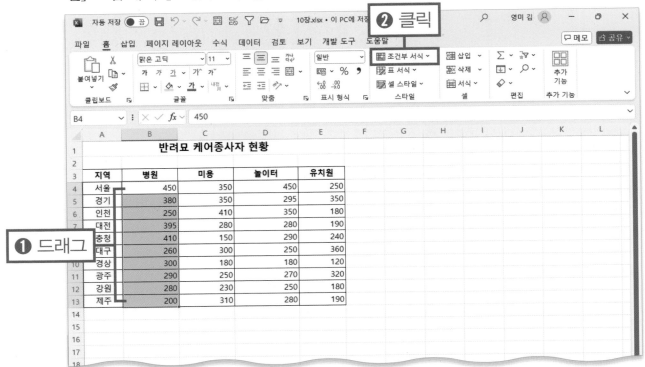

2 [셀 강조 규칙]을 클릭한 후 [보다 큼]을 클릭합니다.

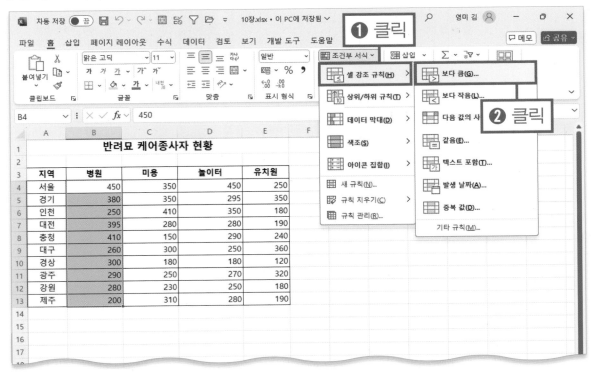

3 ····· '보다 큼' 대화상자가 나타나면 '300'을 입력하고 [진한 빨강 텍스트가 있는 연한 빨강 채우기]를 선택한 후 [확인] 버튼을 클릭합니다.

4 ····· '미용' 영역에서 '200'과 '300' 사이 데이터에 서식을 지정하기 위해 [미용] 영역을 드래그해 선택합니다. [스타일] 그룹에서 [조건부 서식]−[셀 강조 규칙]−[다음 값의 사이에 있음]을 차례대로 클릭합니다.

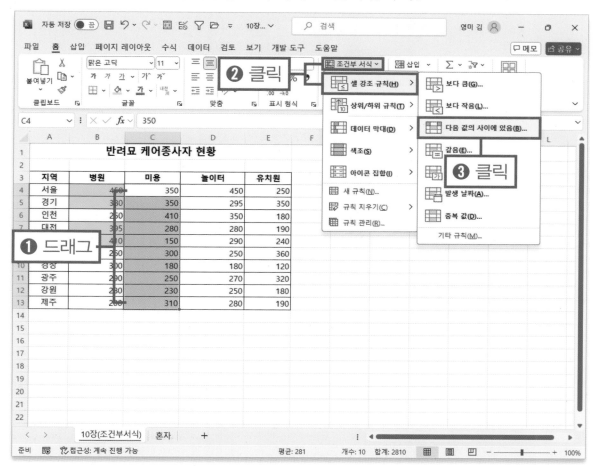

5 ‥‥‥ '해당 범위' 대화상자가 나타나면 '200'과 '300'을 입력한 후 [진한 노랑 텍스트가 있는 노랑 채우기]를 클릭합니다. [확인] 버튼을 클릭합니다.

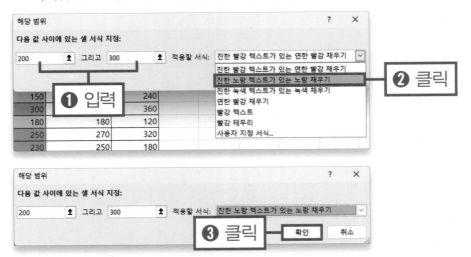

 조금 더 배우기 옵션에 없는 서식을 지정하려면 [사용자 지정 서식]을 눌러 다른 서식을 설정할 수 있습니다.

STEP 2 ## 상위 3개 항목에 서식 지정 및 데이터 막대 지정하기

1 ‥‥‥ '놀이터' 영역에서 상위 3개의 항목에 서식을 지정하기 위해 [놀이터] 영역을 드래그해 선택합니다. [홈] 탭-[스타일] 그룹에서 [조건부 서식]-[상위/하위 규칙]-[상위 10개 항목]을 차례대로 클릭합니다.

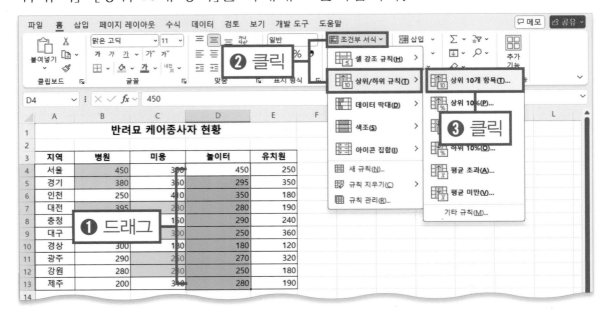

2 ······ '상위 10개 항목' 대화상자가 나타나면 '3'을 입력한 다음 [진한 녹색 텍스트가 있는 녹색 채우기]를 선택합니다. [확인] 버튼을 클릭합니다.

3 ······ '유치원' 영역에 데이터 막대를 적용하기 위해 [유치원] 영역을 드래그해 선택합니다. [조건부 서식]-[데이터 막대]-[파랑 데이터 막대]를 차례대로 클릭합니다.

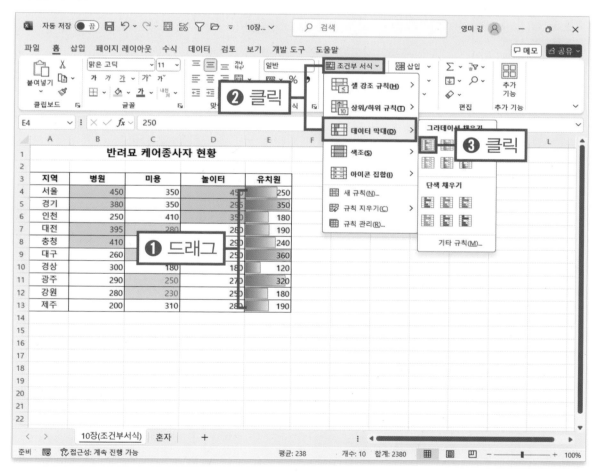

조건부 서식 편집 및 지우기

1 ····· '병원' 영역을 편집하기 위해 '병원' 영역을 드래그해 선택합니다. [홈] 탭-[스타일] 그룹에서 [조건부 서식]-[규칙 관리]를 클릭합니다.

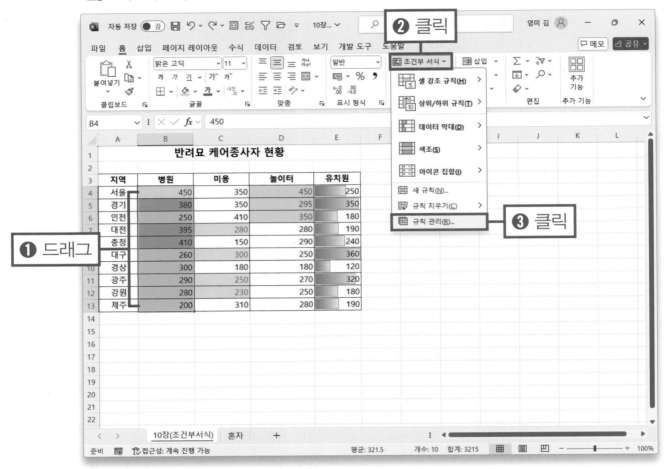

2 ····· '조건부 서식 규칙 관리자' 대화상자가 나타나면 [규칙 편집] 버튼을 클릭합니다.

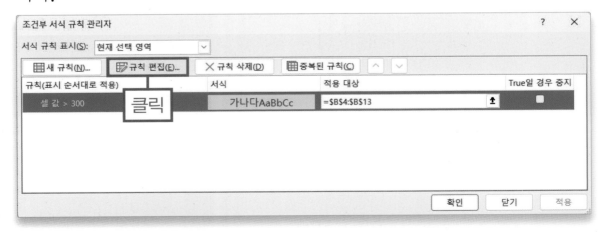

3 ...... '서식 규칙 편집' 대화상자가 나타나면 '300'을 '400'으로 변경한 후 [확인] 버튼을 클릭합니다.

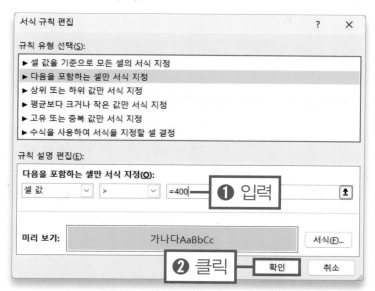

4 ...... 다시 '조건부 서식 규칙 관리자' 대화상자가 나타나면 [확인] 버튼을 클릭합니다.

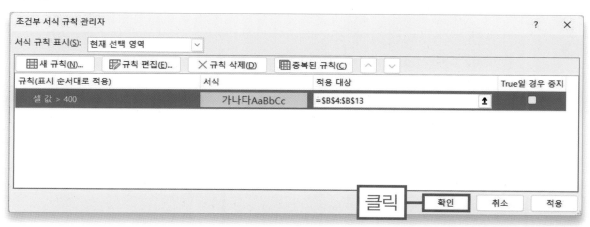

5 ····· 데이터가 편집된 것을 확인할 수 있습니다. 이번에는 '병원' 영역에 조건부 서식을 지우기 위해 [병원] 영역을 드래그해 선택합니다. [조건부 서식]-[규칙 지우기]-[선택한 셀의 규칙 지우기]를 차례대로 클릭합니다.

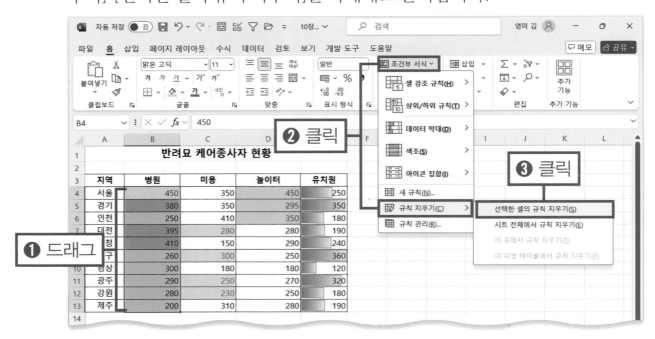

6 ····· 이번에는 시트 전체에 조건부 서식을 모두 지워보겠습니다. 먼저, 아무 셀을 클릭한 다음 [조건부 서식]-[규칙 지우기]를 클릭합니다. 이후 [시트 전체에서 규칙 지우기]를 클릭하면 시트 전체의 서식을 지울 수 있습니다.

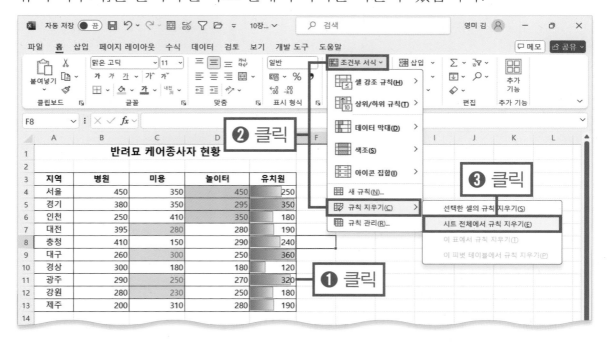

혼자서도 만들 수 있어요!

1 [엑셀365예제]–[10장] 파일에서 [혼자] 시트를 클릭한 다음 1분기 영역에서 상위 3% 데이터에 '진한 빨강 텍스트가 있는 연한 빨강 채우기'를 설정해 보세요.

이름	1분기	2분기	3분기	4분기
			직원별 점수표	
김대훈	25	63	15	58
김영미	68	84	10	55
김송희	38	69	8	54
김은희	30	65	30	65
김지수	88	94	90	95
송은영	44	72	5	53
김박미	43	71	20	60
박하늘	25	63	20	60
민은지	88	94	50	75
이다정	88	94	80	90
성지윤	-	50	10	55
곽채윤	50	75	40	70
임태헌	20	60	15	58
백태경	50	75	40	70
홍주희	34	67	10	55

 HINT [홈] 탭–[스타일] 그룹–[조건부 서식]–[상위/하위 규칙]–[상위 10%] 클릭 → [3] 입력 후 [진한 빨강 텍스트가 있는 연한 빨강 채우기] 설정

2 4분기 영역에서 60보다 작은 데이터에 [진한 녹색 텍스트가 있는 녹색 채우기]를 설정해 보세요.

이름	1분기	2분기	3분기	4분기
			직원별 점수표	
김대훈	25	63	15	58
김영미	68	84	10	55
김송희	38	69	8	54
김은희	30	65	30	65
김지수	88	94	90	95
송은영	44	72	5	53
김박미	43	71	20	60
박하늘	25	63	20	60
민은지	88	94	50	75
이다정	88	94	80	90
성지윤	-	50	10	55
곽채윤	50	75	40	70
임태헌	20	60	15	58
백태경	50	75	40	70
홍주희	34	67	10	55

 HINT [홈] 탭–[스타일] 그룹–[조건부 서식]–[셀 강조 규칙]–[보다 큼] 클릭 → [60] 입력 후 [진한 녹색 텍스트가 있는 녹색 채우기]를 설정

II. 엑셀 365 활용
계산하기

POINT

엑셀의 핵심 기능은 계산입니다. 계산 방식을 잘 알면 빠르고 정확하게 데이터를 계산할 수 있습니다. 이번 장에서는 엑셀의 기본 계산 방법을 알아봅니다.

여기서 배워요! 셀 참조 방식 알아보기 / 연산자 살펴보기 / 기본 계산 익히기

완성 화면 미리 보기

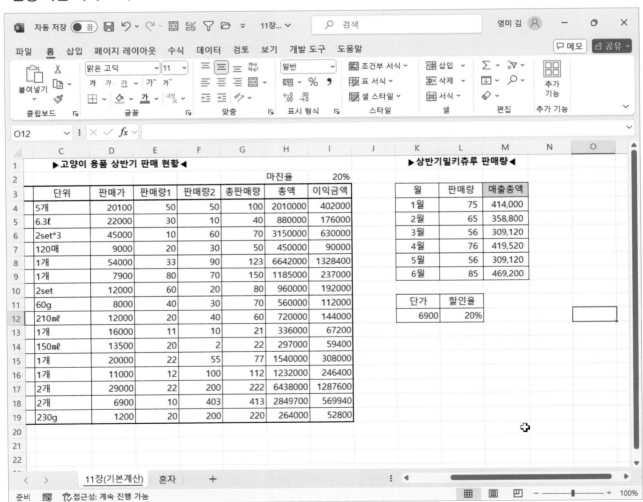

셀 참조 방식 알아보기

1 ····· 상대 참조

수식을 [채우기 조절점]을 이용해 아래 혹은 오른쪽으로 드래그하여 채울 때 상대적으로 행과 열의 주소가 변경되는 것을 의미합니다.

구분	1월	2월	3월	수식
미용/케어	16000	11000	10000	=B2+C2+D2
	13500	20000	20000	=B3+C3+D3
	20000	22000	55000	=B4+C4+D4

2 ····· 절대 참조

상대 참조와 달리 수식을 [채우기 조절점]을 이용해 아래 혹은 오른쪽으로 드래그하여 채울 때 상대적으로 행과 열의 주소가 변경되지 않는 것 즉, 고정되는 참조 스타일을 의미합니다.

구분	1월	2월	합계	수식
미용/케어	16000	11000	27000	=D2/$D$5
	13500	20000	33500	=D3/$D$5
	20000	22000	42000	=D4/$D$5
합계	49500	53000	102500	=D5/$D$5

3 ····· 혼합 참조

혼합 참조는 상대 참조와 절대 참조가 함께 지정되는 참조 스타일로 만약, 행을 고정하고 열을 고정하지 않으면 행 방향은 주소가 변경되지 않지만 열 방향은 고정되지 않아 변경되는 것을 의미합니다.

구분	1월	2월	합계	수식
미용/케어	16000	11000	27000	=D2/$D5
	13500	20000	33500	=D3/$D5
	20000	22000	42000	=D4/$D5
합계	49500	53000	102500	=D5/$D5

4 ····· 참조 유형 변경하기

F4를 이용하여 참조 유형을 편하게 변경할 수 있습니다.

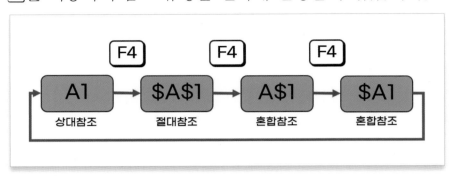

STEP 2 연산자 살펴보기

1 ····· 엑셀의 수식에 사용되는 연산자 종류는 산술 연산자, 연결 연산자, 비교 연산자 등 여러 개의 연산자들이 사용됩니다.

구분	연산자	역할
산술연산자	+	더하기
	−	빼기
	*	곱하기
	/	나누기
	^	지수
	%	백분율
연결 연산자	&	데이터를 연결
비교 연산자	=	같다
	<>	같지 않다
	>	크다 (초과)
	>=	크거나 같다 (이상)
	<	작다 (미만)
	<=	작거나 같다 (이하)

조금 더 배우기

연산자 중 참조 연산자도 있는데, 이 연산자는 함수를 이용할 때 사용됩니다. 그 종류로 연속된 셀 범위를 참조하는 콜론(:), 떨어진 셀 범위를 참조하는 콤마(,), 교차되는 셀을 참조하는 공백( ) 등이 있습니다.

1 ..... [엑셀365예제]–[11장] 파일을 불러옵니다. '고양이 용품 상반기 판매 현황' 표에서 '총판매량'을 구하기 위해 [G4] 셀을 클릭하고 [=]을 입력합니다. 연이어 [E4] 셀을 클릭하고 [+]를 입력한 다음 [F4] 셀을 클릭한 후 Enter↵를 누릅니다.

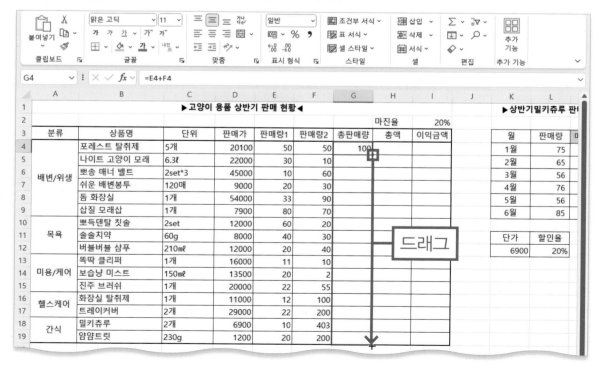

2 ..... 'G4' 셀에 '총판매량'이 구해지면 '간식' 영역까지 구하기 위해 [자동채우기 조절점]( )을 [G19] 셀까지 드래그합니다.

3 ······ '총판매량'이 모두 구해진 것을 확인한 후 [자동채우기 옵션] 버튼을 눌러 [서식 없이 채우기]를 클릭합니다.

	A	B	C	D	E	F	G	H	I	J	K	L
1			▶고양이 용품 상반기 판매 현황◀									▶상반기밀키츄루 판매
2								마진율	20%			
3	분류	상품명	단위	판매가	판매량1	판매량2	총판매량	총액	이익금액		월	판매량
4		포레스트 탈취제	5개	20100	50	50	100				1월	75
5		나이트 고양이 모래	6.3ℓ	22000	30	10	40				2월	65
6	배변/위생	뽀송 매너 밸트	2set*3	45000	10	60	70				3월	56
7		쉬운 배변봉투	120매	9000	20	30	50				4월	76
8		돔 화장실	1개	54000	33	90	123				5월	56
9		삽질 모래삽	1개	7900	80	70	150				6월	85
10		뽀득덴탈 칫솔	2set	12000	60	20	80					
11	목욕	솔솔치약	60g	8000	40	30	70				단가	할인율
12		버블버블 샴푸	210㎖	12000	20	40	60				6900	20%
13		똑딱 클리퍼	1개	16000	11	10	21					
14	미용/케어	보습냥 미스트	150㎖	13500	20	2	22					
15		진주 브러쉬	1개	20000	22	55	77					
16	헬스케어	화장실 탈취제	1개	11000	12	100	112					
17		트레이커버	2개	29000	22	200	222					
18	간식	밀키츄루	2개	6900	10	403	413					
19		얌얌트릿	230g	1200			220					

❶ 클릭

- ○ 셀 복사(C)
- ○ 서식만 채우기(F)
- ○ 서식 없이 채우기(O) **❷ 클릭**
- ○ 빠른 채우기(F)

11장(기본계산)　혼자　＋

준비　접근성: 계속 진행 가능　평균: 114.375　개수: 16　합계: 1830　100%

> [자동채우기 옵션] 버튼을 사용하지 않으면 미리 만들어진 테두리 서식이 처음 수식이 입력된 셀의 서식으로 맞춰지면서 변경됩니다. [자동채우기 옵션] 버튼을 눌러 [서식 없이 채우기]를 클릭하면 서식을 제외한 수식만 적용되어 채워집니다.

4 ······ '총액'을 구하기 위해 [H4] 셀을 클릭한 후 [=]을 입력합니다. 이어서 [D4] 셀을 클릭하고 [*]를 입력한 후 [G4] 셀을 클릭한 다음 Enter↵ 를 누릅니다.

B	C	D	E	F	G	H	I
		▶고양이 용품 상반기 판매 현황◀					
		❷ 클릭			**❹ 클릭**	마진율	20%
상품명	단위	판매가	판매량1	판매량2	총판매량	총액	이익금액
포레스트 탈취제	5개	20100	50	50	100	=D4*G4	
나이트 고양이 모래	6.3ℓ	22000	30	10	40		
뽀송 매너 밸트	2set*3	45000	10	60	70		
쉬운 배변봉투	120매	9000	20	30	50		
돔 화장실	1개	54000	33	90	123		
삽질 모래삽	1개	7900	80	70	150		
뽀득덴탈 칫솔	2set	12000	60	20	80		
솔솔치약	60g	8000	40	30	70		
버블버블 샴푸	210㎖	12000	20	40	60		
똑딱 클리퍼	1개	16000	11	10	21		

❶ 클릭+'='

❸ '*'

❺ Enter↵

5 ⋯⋯ 'H4' 셀에 '총액'이 구해집니다. '간식' 영역까지 구하기 위해 [자동채우기 조절점](➕)을 [H19] 셀까지 드래그합니다. '총액'이 모두 구해진 것을 확인한 후 [자동채우기 옵션] 버튼을 클릭하고 [서식 없이 채우기]를 클릭합니다.

	A	B	C	D	E	F	G	H	I		K	L
1			▶고양이 용품 상반기 판매 현황◀									▶상반기밀키츄루 판|
2								마진율	20%			
3	분류	상품명	단위	판매가	판매량1	판매량2	총판매량	총액	이익금액		월	판매량
4		포레스트 탈취제	5개	20100	50	50	100	2010000			1월	75
5		나이트 고양이 모래	6.3ℓ	22000	30	10	40	880000			2월	65
6	배변/위생	뽀송 매너 밸트	2set*3	45000	10	60	70	3150000			3월	56
7		쉬운 배변봉투	120매	9000	20	30	50	450000			4월	76
8		돔 화장실	1개	54000	33	90	123	6642000			5월	56
9		삽질 모래삽	1개	7900	80	70	150	1185000			6월	85
10		뽀득덴탈 칫솔	2set	12000	60	20	80	960000				
11	목욕	술술치약	60g	8000	40	30	70	560000			할인율	
12		버블버블 샴푸	210㎖	12000	20	40	60	720000			6900	20%
13		똑딱 클리퍼	1개	16000	11	10	21	336000				
14	미용/케어	보슬냥 미스트	150㎖	13500	20	2	22	297000				
15		진주 브러쉬	1개	20000	22	55	77	1540000				
16	헬스케어	화장실 탈취제	1개	11000	12	100	112	1232000				
17		트레이커버	2개	29000	22	200	222	6438000				
18	간식	밀키츄루	2개	6900	10	403	413	2849700				
19		얌얌트릿	230g	1200	20			4000				

❶ 드래그
❷ 클릭
❸ 클릭
● 셀 복사(C)
○ 서식만 채우기(F)
○ 서식 없이 채우기(O)
○ 빠른 채우기(F)

11장(기본계산) 혼자 +
준비 · 접근성: 계속 진행 가능 평균: 1844606.25 개수: 16 합계: 29513700 100%

6 ⋯⋯ '이익금액'을 구하기 위해 [I4] 셀을 클릭한 후 [=]을 입력합니다. 이어서 [H4] 셀을 클릭하고 [*]를 입력한 후 [I2] 셀을 클릭한 다음 F4 를 눌러 절대 참조를 지정하고 Enter↵ 를 누릅니다.

❺ F4 ❹ 클릭

B	C	D	E	F	G	H	I
	▶고양이 용품 상반기 판매 현황◀						
						마진율	20%
상품명	단위	판매가	판매량1	판매량2	총판매량	총액	이익금액
포레스트 탈취제	5개	20100	50	❷ 클릭	00	2010000	=H4*$I$2
나이트 고양이 모래	6.3ℓ	22000	30	10	40	880000	
뽀송 매너 밸트	2set*3	45000	10	60	70	3150000	
쉬운 배변봉투	120매	9000	20	30	50	450000	
돔 화장실	1개	54000	33	90	123	6642000	
삽질 모래삽	1개	7900	80	70	150	1185000	
뽀득덴탈 칫솔	2set	12000	60	20	80	960000	
술술치약	60g	8000	40	30	70	560000	
버블버블 샴푸	210㎖	12000	20	40	60	720000	

❶ 클릭+'='
❸ '*'
❻ Enter↵

7 ····· 'I4' 셀에 '이익금액'이 구해지면 '간식' 영역까지 구하기 위해 [자동채우기 조절점]([+])을 [I19] 셀까지 드래그합니다. [자동채우기 옵션] 버튼을 눌러 [서식 없이 채우기]를 클릭합니다.

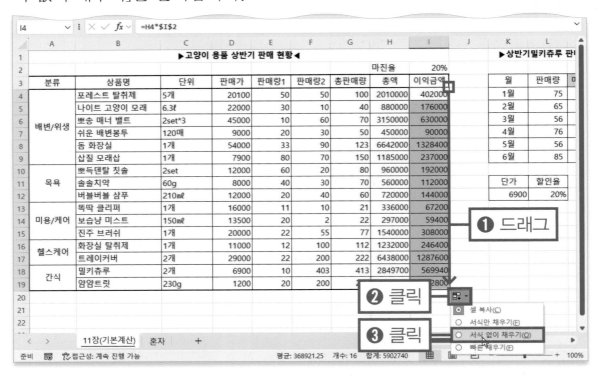

8 ····· '상반기밀키츄루 판매량' 표에서 '매출총액'을 구하기 위해 [M4] 셀을 클릭한 후 [=]을 입력합니다. F4 를 이용하여 [(L4*$K$12)*(1-$L$12)]를 지정한 후 Enter↵ 를 누릅니다.

K	L	M	N	O
▶상반기밀키츄루 판매량◀				
월	판매량	매출총액		
1월	75	=(L4*$K$12)*(1-$L$12)		
2월	65			
3월	56			
4월	76			
5월	56			
6월	85			
단가	할인율			
6900	20%			

❶ 클릭+'='

❷ 지정

❸ Enter↵

9 [자동채우기 조절점](⊞)에 마우스 포인터를 올린 후 마우스 오른쪽 버튼을 눌러 [M9] 셀까지 드래그하면 메뉴 목록이 나타납니다. [서식 없이 채우기]를 클릭합니다.

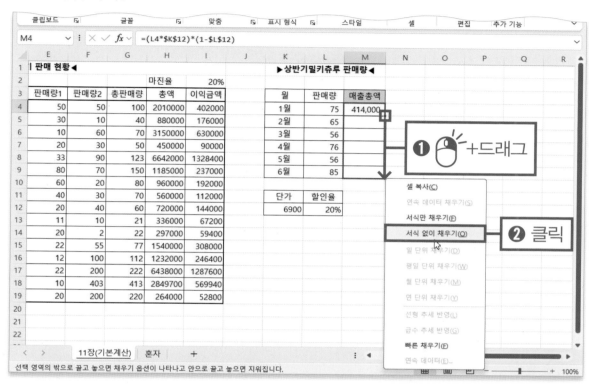

10 수식이 모두 완성된 것을 확인할 수 있습니다.

	단위	판매가	판매량1	판매량2	총판매량	총액	이익금액		월	판매량	매출총액
▶고양이 용품 상반기 판매 현황◀						마진율	20%		▶상반기밀키츄루 판매량◀		
4	5개	20100	50	50	100	2010000	402000		1월	75	414,000
5	6.3ℓ	22000	30	10	40	880000	176000		2월	65	358,800
6	2set*3	45000	10	60	70	3150000	630000		3월	56	309,120
7	120매	9000	20	30	50	450000	90000		4월	76	419,520
8	1개	54000	33	90	123	6642000	1328400		5월	56	309,120
9	1개	7900	80	70	150	1185000	237000		6월	85	469,200
10	2set	12000	60	20	80	960000	192000				
11	60g	8000	40	30	70	560000	112000		단가	할인율	
12	210㎖	12000	20	40	60	720000	144000		6900	20%	
13	1개	16000	11	10	21	336000	67200				
14	150㎖	13500	20	2	22	297000	59400				
15	1개	20000	22	55	77	1540000	308000				
16	1개	11000	12	100	112	1232000	246400				
17	2개	29000	22	200	222	6438000	1287600				
18	2개	6900	10	403	413	2849700	569940				
19	230g	1200	20	200	220	264000	52800				

혼자서도 만들 수 있어요!

1 [엑셀365예제]–[11장] 파일에서 [혼자] 시트를 클릭한 다음 '총판매수량'과 '판매금액'을 구해 보세요.

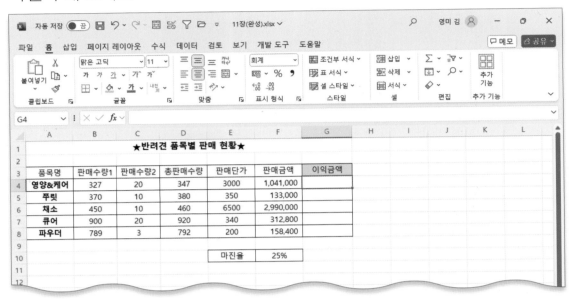

 HINT [D4=B4+C4] 설정 후 Enter↵ → [D4] 셀의 [자동채우기 조절점]에 마우스를 올리고 [D8] 셀까지 드래그 → [F4=D4*E4] 설정 후 Enter↵ → [F4] 셀의 [자동채우기 조절점]에 마우스를 올리고 [F8] 셀까지 드래그

2 '이익금액'을 구해 보세요.

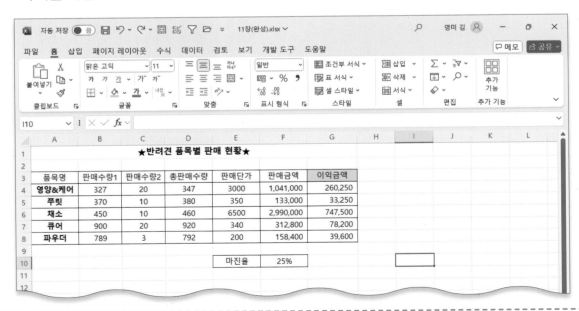

 HINT [G4=F4*F10] 설정 후 F4를 눌러 절대 참조를 지정하고 Enter↵ → [G4] 셀의 [자동채우기 조절점]에 마우스를 올리고 [G8] 셀까지 드래그

II. 엑셀 365 활용
기본 함수 익히기

POINT

함수란 복잡한 계산을 쉽고 빠르게 계산할 수 있도록 도와주는 엑셀의 가장 핵심적인 기능입니다. 기본 연산자만으로 한계가 있거나 식이 복잡하고 길어질 때 엑셀에 속해 있는 함수를 상황에 맞게 사용하면 됩니다. 이번 장에서는 엑셀의 여러 가지 기능을 이용하여 기본 함수를 익혀봅니다.

여기서 배워요! 함수 이해하기 / 자동 합계 버튼으로 기본 함수 사용하기 / 함수 마법사를 이용하여 함수 사용하기

완성 화면 미리 보기

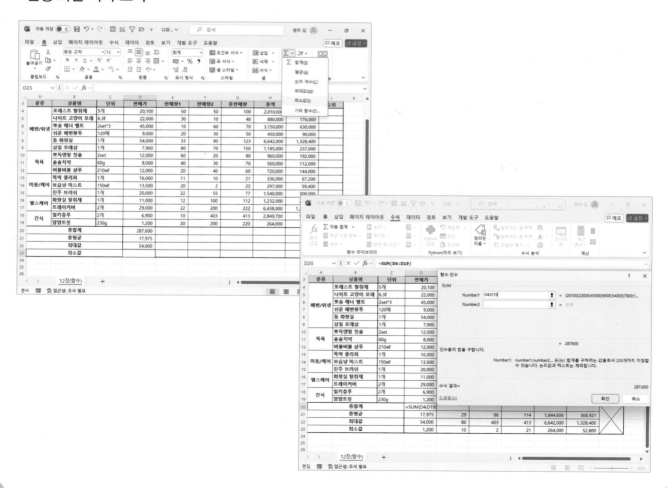

함수 이해하기

1 ····· 함수의 기본 형식

– 등호(=)와 같이 시작하며, 함수 이름을 입력하고 괄호 안에 그 함수로 계산할 셀 주소나 계산에 필요한 인수를 입력합니다.

'=함수명(인수)'

2 ····· 함수를 쓰는 이유는 보기와 같이 1월부터 5월까지 데이터를 계산해야 할 때 일일이 주소와 + 버튼을 눌러가며 입력을 해야 하고 식이 길어지는 일을 줄이기 위해서입니다.

G2		f_x	=B2+C2+D2+E2+F2				
	A	B	C	D	E	F	G	H	I
1	구분	1월	2월	3월	4월	5월	수식		
2	미용/케어	16000	11000	27000	11000	27000	=B2+C2+D2+E2+F2		
3		13500	20000	33500	20000	33500			
4		20000	22000	42000	22000	42000			
5		49500	53000	102500	53000	102500			
6									
7									

함수를 이용하면 보기와 같이 식이 간단해집니다.

G2		f_x	=sum(B2:F2)				
	A	B	C	D	E	F	G	H	I
1	구분	1월	2월	3월	4월	5월	수식		
2	미용/케어	16000	11000	27000	11000	27000	=sum(B2:F2)		
3		13500	20000	33500	20000	33500			
4		20000	22000	42000	22000	42000			
5		49500	53000	102500	53000	102500			
6									
7									

자동 합계 버튼으로 기본 함수 사용하기

1 ...... [엑셀365예제]–[12장] 파일을 불러옵니다. '판매가'의 '총합계'를 구하기 위해 [D20] 셀을 클릭한 다음 [홈] 탭–[편집] 그룹에서 [자동합계]–[합계]를 차례대로 클릭합니다.

 [수식] 탭–[함수 라이브러리]에서 [자동합계]를 클릭해도 됩니다.

2 ...... 자동으로 '=SUM(D4:D19)'가 입력됩니다. [Enter↵]를 누르면 합산됩니다.

분류	상품명	단위	판매가	판매량1	판매량2	총판매량	총액	이익금액	순위
배변/위생	포레스트 탈취제	5개	20,100	50	50	100	2,010,000	402,000	
	나이트 고양이 모래	6.3ℓ	22,000	30	10	40	880,000	176,000	
	뽀송 매너 밸트	2set*3	45,000	10	60	70	3,150,000	630,000	
	쉬운 배변봉투	120매	9,000	20	30	50	450,000	90,000	
	돔 화장실	1개	54,000	33	90	123	6,642,000	1,328,400	
	삽질 모래삽	1개	7,900	80	70	150	1,185,000	237,000	
목욕	뽀득덴탈 칫솔	2set	12,000	60	20	80	960,000	192,000	
	솔솔치약	60g	8,000	40	30	70	560,000	112,000	
	버블버블 샴푸	210㎖	12,000	20	40	60	720,000	144,000	
미용/케어	똑딱 클리퍼	1개	16,000	11	10	21	336,000	67,200	
	보습냥 미스트	150㎖	13,500	20	2	22	297,000	59,400	
	진주 브러쉬	1개	20,000	22	55	77	1,540,000	308,000	
헬스케어	화장실 탈취제	1개	11,000	12	100	112	1,232,000	246,400	
	트레이커버	2개	29,000	22	200	222	6,438,000	1,287,600	
간식	밀키츄루	2개	6,900	10	403	413	2,849,700	569,940	
	얌얌트릿	230g	1,200	20	200	220	264,000	52,800	
	총합계		=SUM(D4:D19)						
	총평균		SUM(number1, [number2], ...)						
	최대값								
	최소값								

3 ····· '판매가'의 '총평균'를 구하기 위해 [D21] 셀을 클릭한 다음 [편집] 그룹에서 [자동합계]–[평균]을 차례대로 클릭합니다.

4 ····· 자동으로 '=AVERAGE(D4:D21)'이 입력되는데 우리가 구할 데이터 범위 는 'D4:D19'이기 때문에 [D4] 셀에서 [D19] 셀까지 드래그하여 변경한 후 Enter↵를 누릅니다.

5 ...... '판매가'의 '최대값'를 구하기 위해 [D22] 셀을 클릭한 다음 [자동합계]-[최대값]을 차례대로 클릭합니다.

6 ...... 자동으로 '=MAX(D4:D22)'가 입력되는데 우리가 구할 데이터 범위는 'D4:D19'이기 때문에 [D4] 셀에서 [D19] 셀까지 드래그하여 변경한 후 Enter↵를 누릅니다.

7 ····· 마지막으로 '판매가'의 '최소값'를 구하기 위해 [D23] 셀을 클릭한 다음 [자동합계]-[최소값]을 차례대로 클릭합니다.

8 ····· 마찬가지로 마우스로 [D4] 셀에서 [D19] 셀까지 드래그하여 변경한 후 Enter↵ 를 누릅니다.

9 ...... '판매량1'부터 '이익금액'까지 이 함수식을 적용하기 위해 '판매가'의 [총합계]부터 [최소값]까지 드래그해 설정한 후 [자동채우기 조절점](+)을 '이익금액'까지 드래그합니다.

D20 칸: =SUM(D4:D19)

	분류	상품명	단위	판매가	판매량1	판매량2	총판매량	총액	이익금액	순위
4		포레스트 탈취제	5개	20,100	50	50	100	2,010,000	402,000	
5		나이트 고양이 모래	6.3ℓ	22,000	30	10	40	880,000	176,000	
6	배변/위생	뽀송 매너 벨트	2set*3	45,000	10	60	70	3,150,000	630,000	
7		쉬운 배변봉투	120매	9,000	20	30	50	450,000	90,000	
8		돔 화장실	1개	54,000	33	90	123	6,642,000	1,328,400	
9		삽질 모래삽	1개	7,900	80	70	150	1,185,000	237,000	
10		뽀득덴탈 칫솔	2set	12,000	60	20	80	960,000	192,000	
11	목욕	솔솔치약	60g	8,000	40	30	70	560,000	112,000	
12		버블버블 샴푸	210㎖	12,000	20	40	60	720,000	144,000	
13		똑딱 클리퍼	1개	16,000	11	10	21	336,000	67,200	
14	미용/케어	보습냥 미스트	150㎖	13,500	20	2	22	297,000	59,400	
15		진주 브러쉬	1개	20,000	22	55	77	1,540,000	308,000	
16	헬스케어	화장실 탈취제	1개	11,000	12	100	112	1,232,000	246,400	
17		트레이커버	2개	29,000	22	200	222	6,438,000	1,287,600	
18	간식	밀키츄루	2개	6,900	10	403	413	2,849,700	569,940	
19		얌얌트릿	230g	1,200	20	200	220	264,000	52,800	
20	총합계			287,600						
21	총평균			17,975						
22	최대값			54,000						
23	최소값			1,200						

❶ 드래그   ❷ 드래그

10 ..... 모든 데이터가 구해진 것을 확인할 수 있습니다.

	분류	상품명	단위	판매가	판매량1	판매량2	총판매량	총액	이익금액	순위
4		포레스트 탈취제	5개	20,100	50	50	100	2,010,000	402,000	
5		나이트 고양이 모래	6.3ℓ	22,000	30	10	40	880,000	176,000	
6	배변/위생	뽀송 매너 벨트	2set*3	45,000	10	60	70	3,150,000	630,000	
7		쉬운 배변봉투	120매	9,000	20	30	50	450,000	90,000	
8		돔 화장실	1개	54,000	33	90	123	6,642,000	1,328,400	
9		삽질 모래삽	1개	7,900	80	70	150	1,185,000	237,000	
10		뽀득덴탈 칫솔	2set	12,000	60	20	80	960,000	192,000	
11	목욕	솔솔치약	60g	8,000	40	30	70	560,000	112,000	
12		버블버블 샴푸	210㎖	12,000	20	40	60	720,000	144,000	
13		똑딱 클리퍼	1개	16,000	11	10	21	336,000	67,200	
14	미용/케어	보습냥 미스트	150㎖	13,500	20	2	22	297,000	59,400	
15		진주 브러쉬	1개	20,000	22	55	77	1,540,000	308,000	
16	헬스케어	화장실 탈취제	1개	11,000	12	100	112	1,232,000	246,400	
17		트레이커버	2개	29,000	22	200	222	6,438,000	1,287,600	
18	간식	밀키츄루	2개	6,900	10	403	413	2,849,700	569,940	
19		얌얌트릿	230g	1,200	20	200	220	264,000	52,800	
20	총합계			287,600	460	1,370	1,830	29,513,700	5,902,740	
21	총평균			17,975	29	86	114	1,844,606	368,921	
22	최대값			54,000	80	403	413	6,642,000	1,328,400	
23	최소값			1,200	10	2	21	264,000	52,800	

1 ····· 함수 마법사를 이용하여 SUM 함수를 익혀봅니다. 먼저 앞서 구한 [총합계]를 드래그한 후 Delete를 눌러 지워줍니다.

2 ····· [수식] 탭을 클릭한 후 [함수 라이브러리] 그룹에서 [함수 삽입]을 클릭합니다.

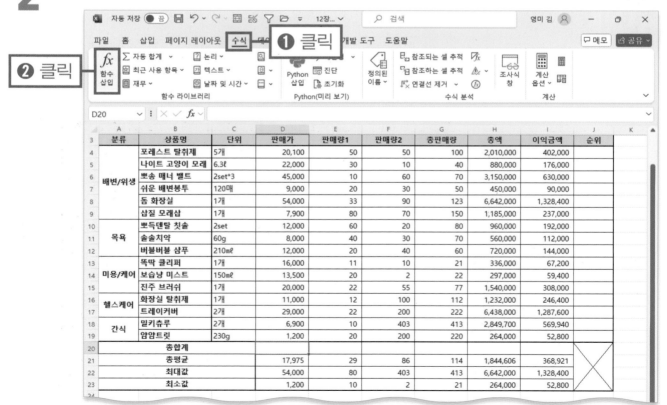

3 '함수 마법사' 대화상자가 나타나면 '범주 선택'의 [목록 단추]를 클릭한 후 [수학/삼각]을 선택합니다. '함수 선택' 항목에서 스크롤을 아래로 내려 [SUM]을 선택한 후 [확인] 버튼을 클릭합니다.

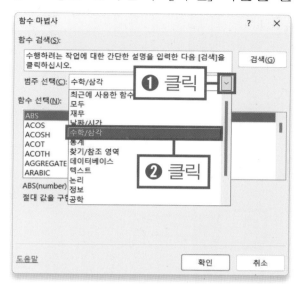
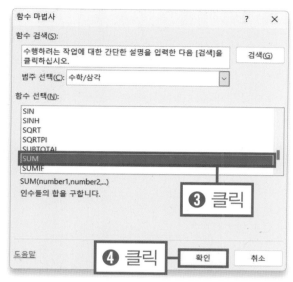

 조금더 배우기 함수 명은 아는데 함수 범주를 모를 땐 '범주 선택'을 [모두]로 설정한 다음 '함수 선택' 항목에서 'ABCD....'순으로 나오는 함수 중에서 적용할 함수를 찾아 사용하면 됩니다.

4 '함수 인수' 대화상자가 나타나면 'Number1'의 영역에서 [셀 선택](![셀선택]) 버튼을 클릭하여 범위를 다시 드래그한 후 Enter↵를 누릅니다.

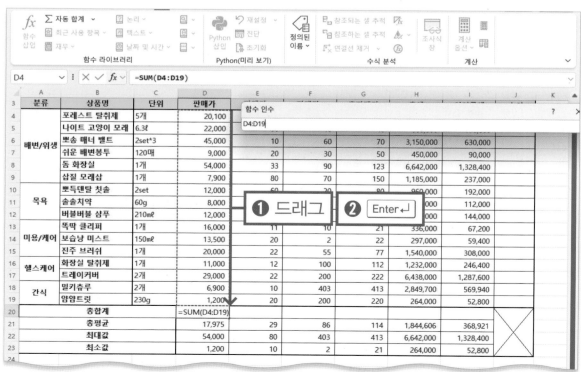

5 ····· 다시 '함수 인수' 대화상자가 나타나면 [확인] 버튼을 클릭합니다.

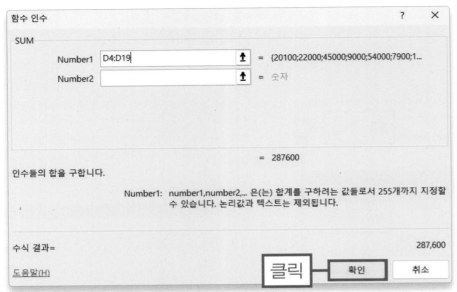

함수 인수

SUM

Number1 `D4:D19` = {20100;22000;45000;9000;54000;7900;1...

Number2 = 숫자

= 287600

인수들의 합을 구합니다.

Number1: number1,number2,... 은(는) 합계를 구하려는 값들로서 255개까지 지정할 수 있습니다. 논리값과 텍스트는 제외됩니다.

수식 결과= 287,600

도움말(H)

클릭 — [확인] [취소]

6 ····· 아래와 같이 [자동채우기 조절점](＋)을 이용하여 '이익금액'까지 계산합니다.

D20 = =SUM(D4:D19)

분류	상품명	단위	판매가	판매량1	판매량2	총판매량	총액	이익금액	순위
배변/위생	포레스트 탈취제	5개	20,100	50	50	100	2,010,000	402,000	
	나이트 고양이 모래	6.3ℓ	22,000	30	10	40	880,000	176,000	
	뽀송 매너 밸트	2set*3	45,000	10	60	70	3,150,000	630,000	
	쉬운 배변봉투	120매	9,000	20	30	50	450,000	90,000	
	돔 화장실	1개	54,000	33	90	123	6,642,000	1,328,400	
	삽질 모래삽	1개	7,900	80	70	150	1,185,000	237,000	
목욕	뽀득덴탈 칫솔	2set	12,000	60	20	80	960,000	192,000	
	솔솔치약	60g	8,000	40	30	70	560,000	112,000	
	버블버블 샴푸	210㎖	12,000	20	40	60	720,000	144,000	
미용/케어	똑딱 클리퍼	1개	16,000	11	10	21	336,000	67,200	
	보습냥 미스트	150㎖	13,500	20	2	22	297,000	59,400	
	진주 브러쉬	1개	20,000	22	55	77	1,540,000	308,000	
헬스케어	화장실 탈취제	1개	11,000	12	100	112	1,232,000	246,400	
	트레이커버	2개	29,000	22	200	222	6,438,000	1,287,600	
간식	밀키츄루	2개	6,900	10	403	413	2,849,700	569,940	
	얌얌트릿	230g	1,200	20	200	220	264,000	52,800	
총합계			287,600	460	1,370	1,830	29,513,700	5,902,740	
총평균			17,975	29	86	114	1,844,606	368,921	
최대값			54,000	80	403	413	6,642,000	1,328,400	
최소값			1,200	10	2		264,000	52,800	

드래그

7 ····· '이익금액'을 기준으로 순위를 구해봅니다. 순위는 'RANK.EQ' 함수를 사용합니다. 순위를 구할 [J4] 셀을 클릭한 후 [함수 라이브러리] 그룹에서 [함수 삽입]을 클릭합니다. '함수 마법사' 대화상자가 나타나면 '범주 선택'을 [통계]로 지정하고 '함수 선택' 항목에서 [RANK.EQ]를 클릭합니다.

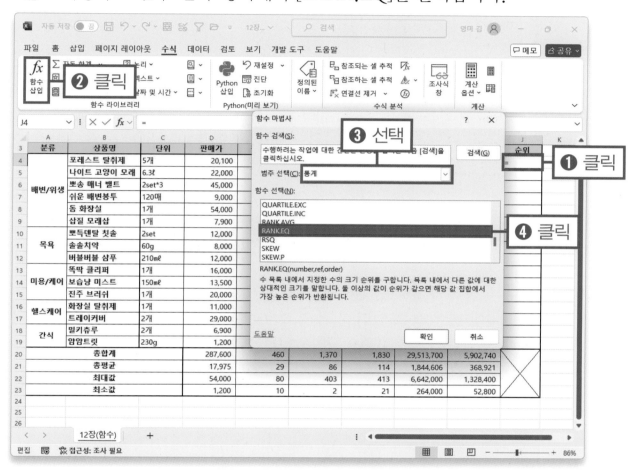

▶ RANK.EQ 함수는 3개의 인수를 사용합니다.
  – 순위를 구할 수
  – 순위를 구할 수를 포함한 영역
  – 정렬 방식
여기서는 모든 상품의 순위를 구하려고 아래로 드래그하기 때문에 순위를 구할 영역은 항상 그 자리에서 변하지 않고 참조되어야 하므로 고정시킵니다. 만약 하나만 순위를 구한다면 고정시킬 필요는 없습니다.

8 ····· '함수 인수' 대화상자가 나타나면 보기와 같이 'Number'는 순위를 구할 [I4]를 지정하고 'Ref'는 '이익금액'의 영역인 [I4:I19]를 선택하고 F4를 눌러 절대참조($I$4:$I$19)로 지정합니다. 'Order'는 높은 값이 1등인 내림차순으로 정렬을 하기 위해 [0]을 입력한 후 [확인] 버튼을 클릭합니다.

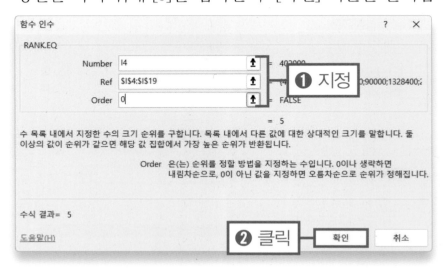

9 ····· 다른 상품의 순위를 완성하기 위해 [J4] 셀을 클릭한 후 [자동채우기 조절점] (┼)에 마우스 포인터를 올리고 마우스 오른쪽 버튼을 눌러 [J19] 셀까지 드래그한 다음 [서식 없이 채우기]를 클릭합니다.

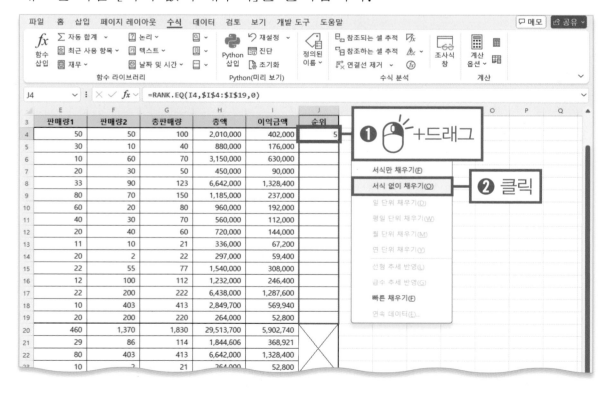

10 **···· 순위가 구해진 것을 확인할 수 있습니다.

	판매량1	판매량2	총판매량	총액	이익금액	순위
4	50	50	100	2,010,000	402,000	5
5	30	10	40	880,000	176,000	10
6	10	60	70	3,150,000	630,000	3
7	20	30	50	450,000	90,000	13
8	33	90	123	6,642,000	1,328,400	1
9	80	70	150	1,185,000	237,000	8
10	60	20	80	960,000	192,000	9
11	40	30	70	560,000	112,000	12
12	20	40	60	720,000	144,000	11
13	11	10	21	336,000	67,200	14
14	20	2	22	297,000	59,400	15
15	22	55	77	1,540,000	308,000	6
16	12	100	112	1,232,000	246,400	7
17	22	200	222	6,438,000	1,287,600	2
18	10	403	413	2,849,700	569,940	4
19	20	200	220	264,000	52,800	16
20	460	1,370	1,830	29,513,700	5,902,740	
21	29	86	114	1,844,606	368,921	
22	80	403	413	6,642,000	1,328,400	
23	10	2	21	264,000	52,800	

혼자서도 만들 수 있어요!

1 [엑셀365예제]–[12장] 파일에서 [혼자] 시트를 클릭한 다음 '함수마법사'를 이용하여 평균을 구해 보세요.

번호	날짜	상품명	수량	판매가	총판매액	순위
1	24-11-1	아이 멀티밤	30	12,000원	360,000원	
2	24-11-4	액상유산균	50	30,000원	1,500,000원	
3	24-11-5	와우 오메가3	10	20,000원	200,000원	
4	24-11-6	명태살&북어파우더	60	15,000원	900,000원	
5	24-11-7	연어살	80	12,000원	960,000원	
6	24-11-8	닭 가슴살	40	80,000원	3,200,000원	
7	24-11-11	찐고구마	20	12,000원	240,000원	
8	24-11-12	무농약 당근	31	8,000원	248,000원	
9	24-11-13	달다 단호박	20	8,000원	160,000원	
10	24-11-14	오징어간식	10	12,000원	120,000원	
11	24-11-15	노른자간식	70	16,000원	1,120,000원	
		평균			818,909원	

★ 반려犬 간식 판매 현황 ★

 [F15] 셀을 클릭한 후 수식입력줄에서 [fx]를 클릭 → '범주 선택'을 [통계]로 설정한 후 [AVERAGE]를 클릭한 다음 [확인] 버튼 클릭 → 'Number1' 내용을 지운 후 [F4] 셀부터 [F14] 셀까지 드래그하여 선택한 후 [확인] 버튼 클릭

2 보기와 같이 '함수마법사'를 이용하여 순위를 구해 보세요.

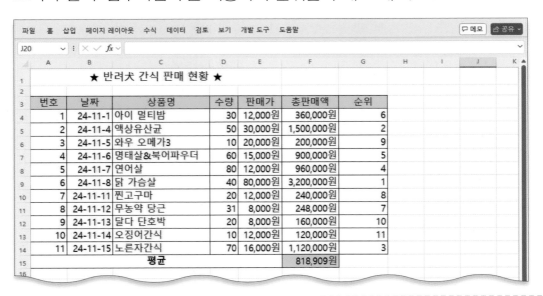

★ 반려犬 간식 판매 현황 ★

번호	날짜	상품명	수량	판매가	총판매액	순위
1	24-11-1	아이 멀티밤	30	12,000원	360,000원	6
2	24-11-4	액상유산균	50	30,000원	1,500,000원	2
3	24-11-5	와우 오메가3	10	20,000원	200,000원	9
4	24-11-6	명태살&북어파우더	60	15,000원	900,000원	5
5	24-11-7	연어살	80	12,000원	960,000원	4
6	24-11-8	닭 가슴살	40	80,000원	3,200,000원	1
7	24-11-11	찐고구마	20	12,000원	240,000원	8
8	24-11-12	무농약 당근	31	8,000원	248,000원	7
9	24-11-13	달다 단호박	20	8,000원	160,000원	10
10	24-11-14	오징어간식	10	12,000원	120,000원	11
11	24-11-15	노른자간식	70	16,000원	1,120,000원	3
		평균			818,909원	

 [G4] 셀을 클릭한 후 '수식입력줄'에서 [fx]를 클릭 → '범주 선택'을 [통계]로 설정한 후 [RANK.EQ]를 클릭한 다음 [확인] 버튼 클릭 → 'Number'에서 [F4] 셀을 클릭하고 'Ref'는 [F4] 셀에서 [F14] 셀까지 드래그한 다음 F4 를 누름 → 'Order'는 '0'으로 지정 → 'G4' 셀의 채우기 핸들을 이용하여 'G14' 셀까지 드래그

II. 엑셀 365 활용
데이터 정렬하기

POINT

엑셀의 정렬 기능은 많은 양의 데이터를 배치 조정해야 할 때 사용합니다. 정렬 방식으로는 오름차순 정렬, 내림차순 정렬, 사용자 지정 정렬 방식이 있습니다.

여기서 배워요! 오름차순, 내림차순 정렬하기 / 사용자 지정 정렬 익히기

완성 화면 미리 보기

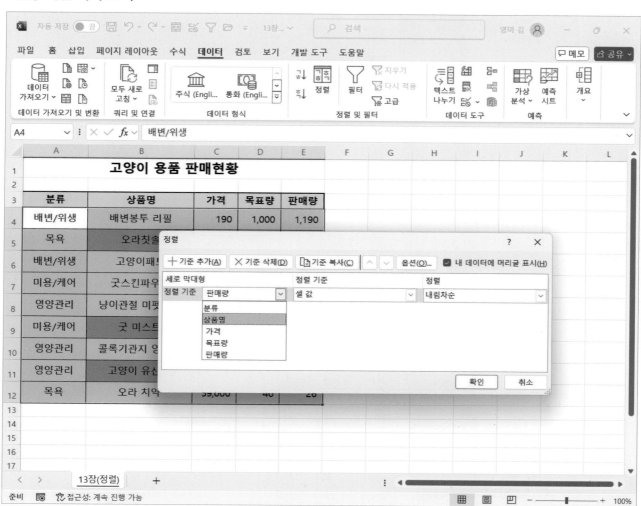

오름차순, 내림차순 정렬하기

1 ····· [엑셀365예제]-[13장] 파일을 불러옵니다. '목표량' 데이터 중 아무 셀을 클릭하고 [데이터] 탭을 클릭합니다. [정렬 및 필터] 그룹에서 [오름차순 정렬] (⏷↓) 버튼을 클릭합니다.

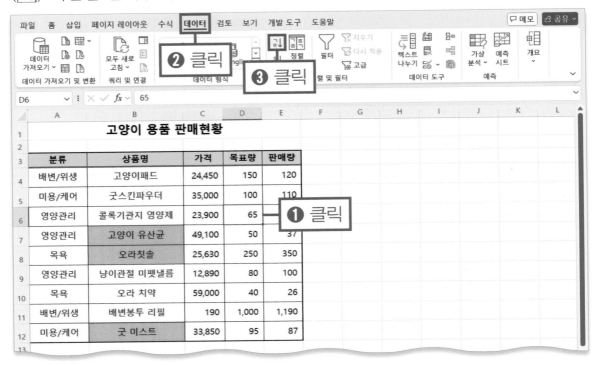

2 ····· '목표량' 영역 데이터가 작은 값부터 차례대로 정렬된 것을 확인할 수 있습니다. 이번에는 '판매량' 데이터 중 아무 셀을 클릭한 후 [정렬 및 필터] 그룹에서 [내림차순 정렬](⏷↓) 버튼을 클릭합니다.

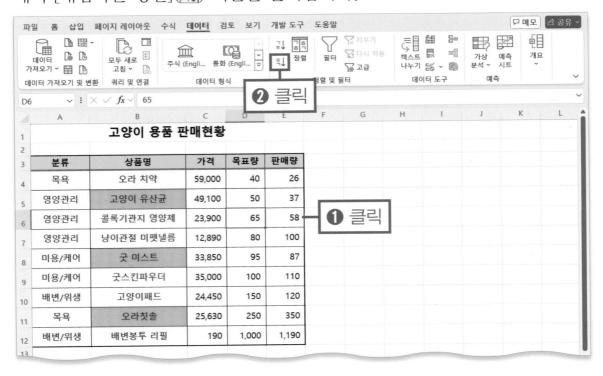

3 ······ '판매량' 영역 데이터가 큰 값부터 차례대로 정렬된 것을 확인할 수 있습니다.

	분류	상품명	가격	목표량	판매량
1	고양이 용품 판매현황				
2					
3	분류	상품명	가격	목표량	판매량
4	배변/위생	배변봉투 리필	190	1,000	1,190
5	목욕	오라칫솔	25,630	250	350
6	배변/위생	고양이패드	24,450	150	120
7	미용/케어	굿스킨파우더	35,000	100	110
8	영양관리	냥이관절 미펫냘름	12,890	80	100
9	미용/케어	굿 미스트	33,850	95	87
10	영양관리	콜록기관지 영양제	23,900	65	58
11	영양관리	고양이 유산균	49,100	50	37
12	목욕	오라 치약	59,000	40	26

STEP 2 사용자 지정 정렬 익히기

1 ······ 정렬 기능은 서식으로도 할 수 있습니다. '상품명'의 '셀 색'을 기준으로 정렬해 보겠습니다. 표의 아무 곳이나 클릭한 후 [데이터] 탭-[정렬 및 필터] 그룹에서 [정렬]을 클릭합니다.

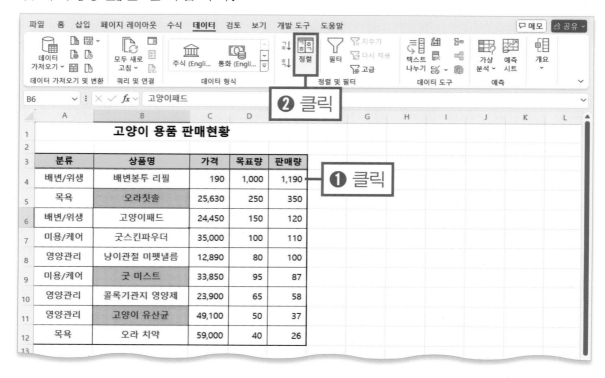

2 ····· '정렬' 대화상자가 나타나면 세로 막대형의 '정렬 기준'은 [상품명], '정렬 기준'을 [셀 색]으로 지정합니다.

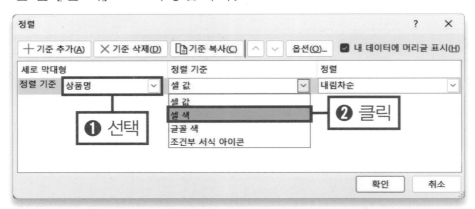

3 ····· '정렬'에 [셀 색 없음]을 클릭하여 표시되어 있는 색을 선택합니다.

 '정렬' 대화상자에서는 셀 색뿐만 아니라 글꼴색으로도 정렬이 가능합니다. 색을 지정할 땐 색을 외워 지정하는 것이 아니라 표에 지정되어 있는 색이 '정렬' 대화상자에 나타납니다. 이곳에서 선택하면 됩니다.

4 ····· 색을 우선적으로 표시하기 위해 [위에 표시]로 선택한 다음 [확인] 버튼을 클릭합니다.

5 ······ '상품명' 데이터 중 색이 있는 데이터가 위에 배치되면서 정렬된 것을 확인할 수 있습니다.

	분류	상품명	가격	목표량	판매량
		고양이 용품 판매현황			
3	분류	상품명	가격	목표량	판매량
4	목욕	오라칫솔	25,630	250	350
5	미용/케어	굿 미스트	33,850	95	87
6	영양관리	고양이 유산균	49,100	50	37
7	배변/위생	배변봉투 리필	190	1,000	1,190
8	배변/위생	고양이패드	24,450	150	120
9	미용/케어	굿스킨파우더	35,000	100	110
10	영양관리	냥이관절 미펫냘름	12,890	80	100
11	영양관리	콜록기관지 영양제	23,900	65	58
12	목욕	오라 치약	59,000	40	26

6 ······ 여러 개의 기준을 지정하여 정렬해 봅니다. 표 전체를 드래그해 블록 설정한 후 [정렬] 버튼을 클릭합니다.

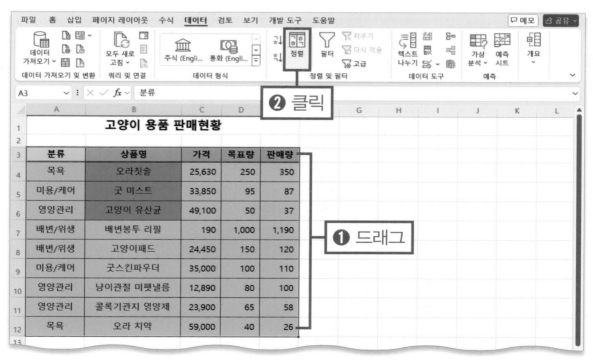

간혹 표 안을 클릭하고 정렬을 할 때 정렬이 안되는 경우가 있습니다. 정렬은 무조건 표의 첫 번째 행을 기준으로 정렬됩니다. 만약 표의 제목이 병합되어 있고 그 아래 바로 날짜나 간단한 텍스트가, 그 아래 표가 붙어 있을 때 큰 제목이 표의 첫 번째 제목으로 인식을 해서 제대로 정렬되지 않습니다. 이럴 땐 보기와 같이 표만 블록 설정한 후 정렬합니다.

7 ...... '정렬' 대화상자가 나타나면 보기와 같이 [분류], [셀 값], [오름차순]으로 지정합니다. '분류'가 동일한 데이터일 때는 기준 없이 정렬되므로 [기준 추가]를 클릭합니다.

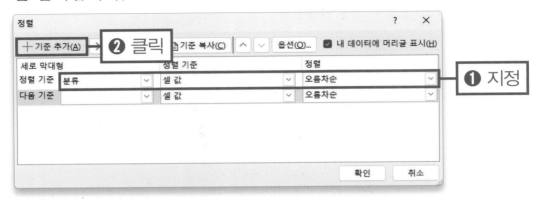

8 ...... '다음 기준' 란이 나타나면 [가격], [셀 값], [내림차순]으로 지정한 후 [확인] 버튼을 클릭합니다.

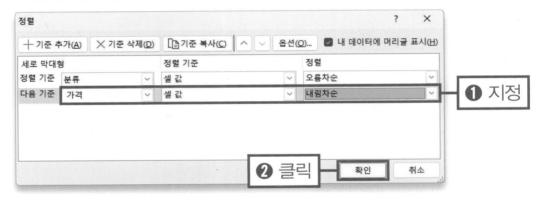

9 ...... '분류'와 '가격'을 기준으로 정렬된 것을 확인할 수 있습니다.

	A	B	C	D	E
1		고양이 용품 판매현황			
2					
3	분류	상품명	가격	목표량	판매량
4	목욕	오라 치약	59,000	40	26
5	목욕	오라칫솔	25,630	250	350
6	미용/케어	굿스킨파우더	35,000	100	110
7	미용/케어	굿 미스트	33,850	95	87
8	배변/위생	고양이패드	24,450	150	120
9	배변/위생	배변봉투 리필	190	1,000	1,190
10	영양관리	고양이 유산균	49,100	50	37
11	영양관리	콜록기관지 영양제	23,900	65	58
12	영양관리	냥이관절 미펫낼름	12,890	80	100

혼자서도 만들 수 있어요!

1 [엑셀365예제]–[13장] 파일에서 [혼자] 시트를 클릭한 다음 상품명을 기준으로 오름차순하고 상품명이 같을 땐 수량을 기준으로 내림차순해 보세요.

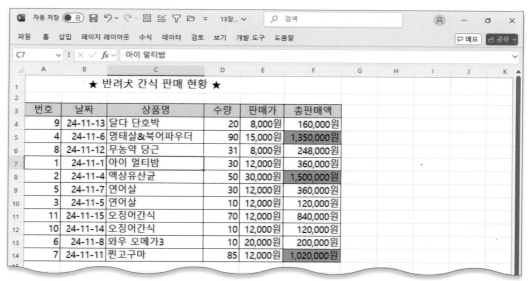

HINT 표 안을 클릭한 후 [데이터] 탭–[정렬 및 필터] 그룹–[정렬] 클릭 → '정렬 기준'은 [상품명], '정렬 기준'은 [셀 값], '정렬'은 [오름차순]으로 지정 → [기준 추가] 버튼 클릭 → [다음 기준]에서 '정렬 기준'은 [수량], '정렬 기준'은 [셀 값], '정렬'은 [내림차순] 지정 후 [확인] 버튼 클릭

1 모든 정렬 기준을 지우고 총판매액에서 보기와 같이 셀 색을 기준으로 상단에 배치해 보세요.

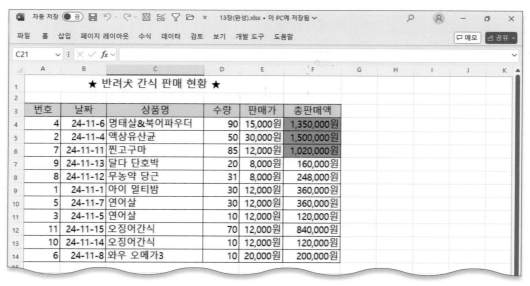

HINT 표 안을 클릭한 후 [데이터] 탭–[정렬 및 필터] 그룹–[정렬] 클릭 → [기준 삭제] 버튼을 두 번 클릭 후 [기준 추가] 버튼 클릭 → '정렬 기준'은 [총판매액], '정렬 기준'은 [셀 색], '정렬'은 [RGB(0,176,240)], [위에 표시] 지정 후 [확인] 버튼 클릭

II. 엑셀 365 활용
자동 필터 익히기

POINT

자동 필터는 버튼을 이용하여 원하는 데이터를 손쉽게 필터링해주는 기능입니다. 숫자와 문자, 날짜, 시간 등 다양한 조건을 적용하여 필터링을 할 수 있습니다. 이번 장에서는 자동 필터에 대해 알아봅니다.

여기서 배워요! 필터링 적용 및 해제하기 / 문자 필터링 익히기 / 숫자 필터링 익히기

완성 화면 미리 보기

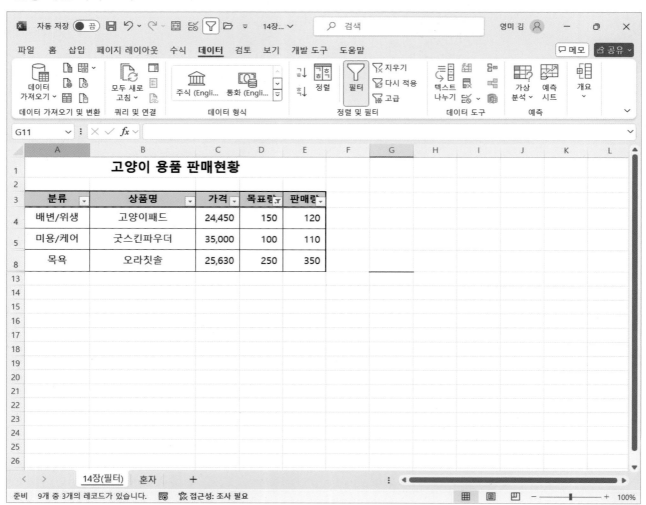

필터링 적용 및 해제하기

1 ······ [엑셀365예제]-[14장] 파일을 불러옵니다. 필터링을 적용하기 위해 표 전체를 드래그해 선택한 후 [데이터] 탭을 클릭합니다. [정렬 및 필터] 그룹에서 [필터]를 클릭합니다.

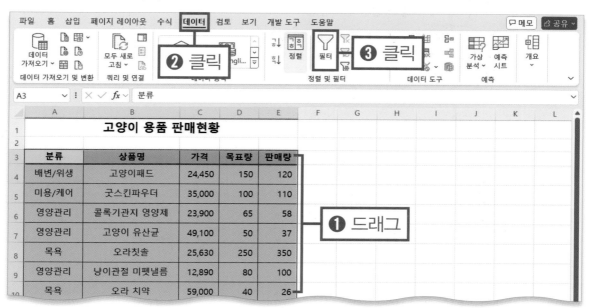

 블록 설정을 하지 않고 필터링을 적용해도 됩니다.

2 ······ 각 항목마다 [목록](▼) 버튼이 나타나는 것을 확인할 수 있습니다. 적용한 필터를 해제하려면 [필터] 버튼을 다시 클릭하면 됩니다.

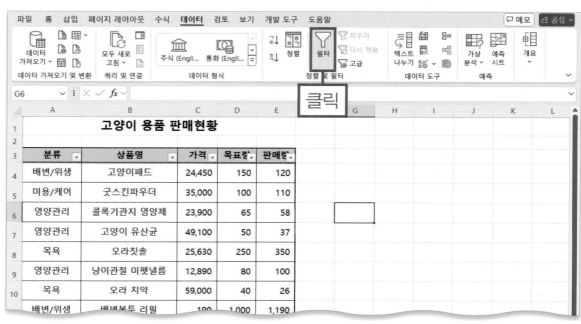

 자동 필터는 한 시트에 하나밖에 적용하지 못합니다.

1 ····· '분류' 항목 중 [목욕] 항목만 필터링을 하기 위해 '분류' 항목 오른쪽의 [목록]([▼]) 버튼을 클릭합니다.

2 ····· 아래 항목 중 '목욕'을 제외한 나머지는 클릭하여 체크 해제한 후 [확인] 버튼을 클릭합니다.

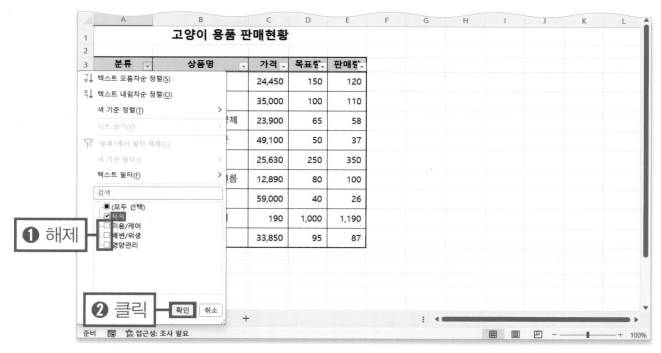

3 ..... [목욕]만 표시된 것을 확인할 수 있습니다.

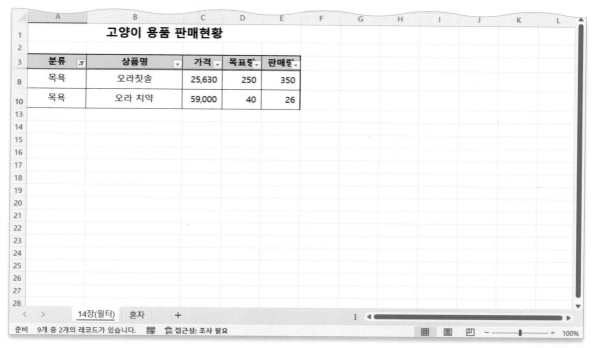

4 ..... 필터링된 항목을 해제하기 위해 '분류' 항목 오른쪽의 [필터링](🔽) 버튼을
클릭한 후 ["분류"에서 필터 해제]를 클릭합니다.

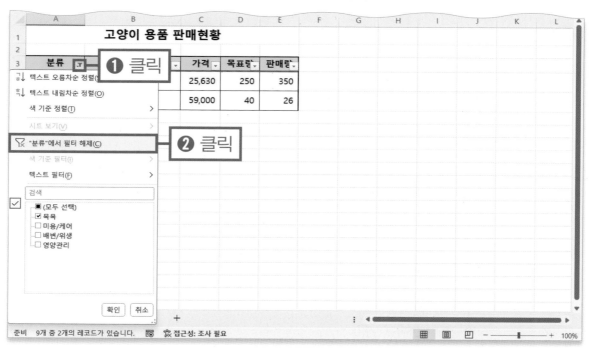

5 ····· 상품명 중 '굿'으로 시작하는 항목만 필터링하기 위해 '상품명' 항목 오른쪽의 [목록](▼) 버튼을 클릭한 다음 [텍스트 필터]-[시작 문자]를 차례대로 클릭합니다.

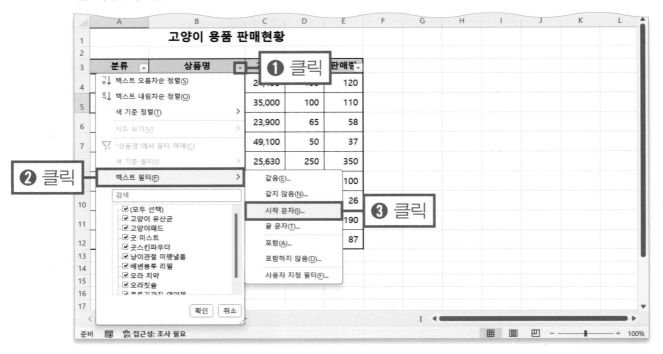

6 ····· '사용자 지정 자동 필터' 대화상자가 나타나면 '시작 문자' 입력 란에 [굿]을 입력한 후 [확인] 버튼을 클릭합니다.

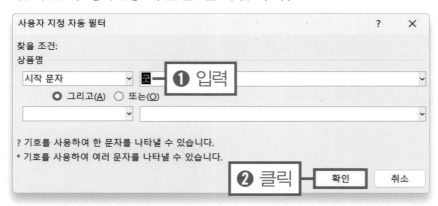

7 ····· '상품명'에 '굿'으로 시작된 상품만 필터링된 것을 확인할 수 있습니다.

8 ····· 다시 필터링된 항목을 해제하기 위해 '상품명' 항목 오른쪽의 [필터링](⛛) 버튼을 클릭한 후 ["상품명"에서 필터 해제]를 클릭합니다.

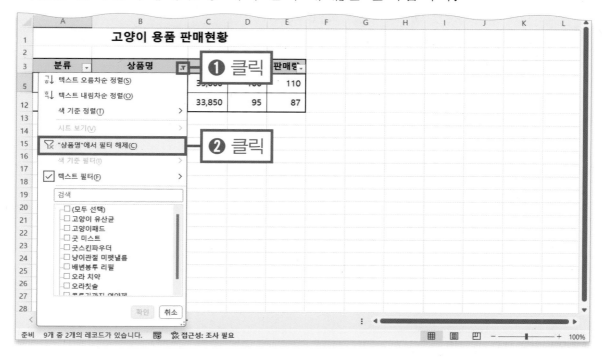

숫자 필터링 익히기

1 …… 가격이 '30000'보다 큰 데이터를 필터링하기 위해 '가격' 항목 오른쪽의 [목록]( ) 버튼을 클릭한 다음 [숫자 필터]-[보다 큼]을 차례대로 클릭합니다.

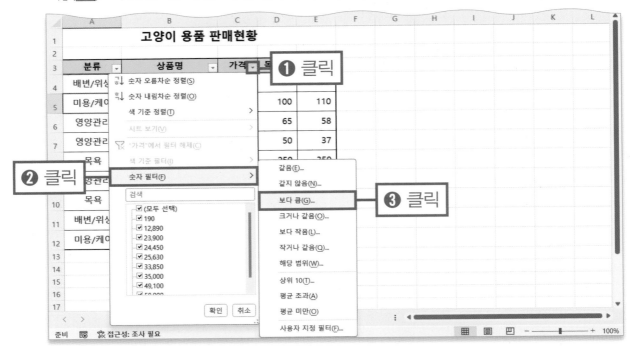

2 …… '사용자 지정 자동 필터' 대화상자가 나타나면 '>' 입력 란에 [30000]을 입력한 후 [확인] 버튼을 클릭합니다.

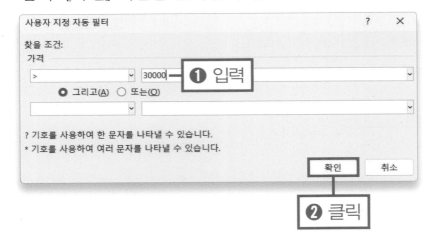

3 ..... 이번에는 판매량이 '80' 이상인 데이터를 필터링하기 위해 '판매량' 항목 오른쪽의 [목록](🔽) 버튼을 클릭한 다음 [숫자 필터]-[크거나 같음]을 차례대로 클릭합니다.

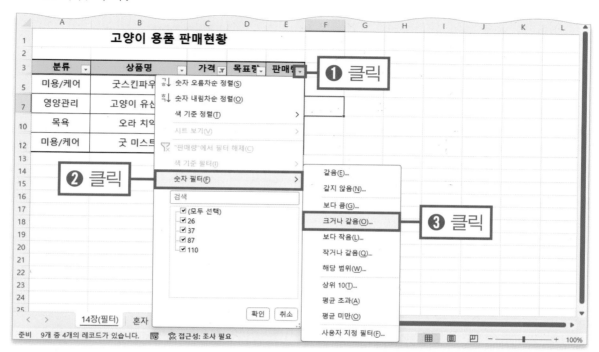

4 ..... '사용자 지정 자동 필터' 대화상자가 나타나면 '〉=' 입력 란에 '80'을 입력한 후 [확인] 버튼을 클릭합니다.

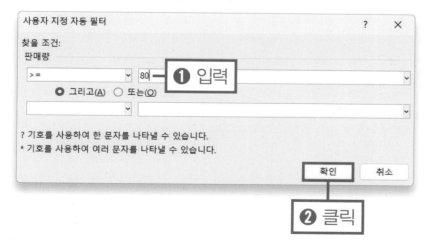

5 ····· 두 개의 필터링이 적용된 것을 확인할 수 있습니다.

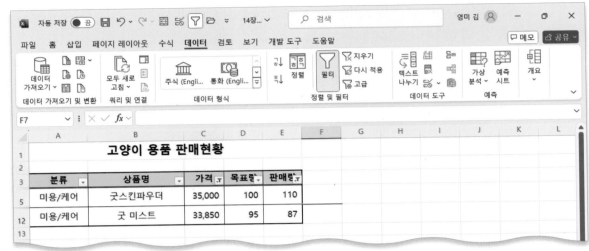

자동 필터는 필터링된 부분에서 다시 필터링을 할 수 있습니다. 즉, 무조건 AND 조건입니다.

6 ····· 목표량이 '100'에서 '300'까지인 데이터를 필터링하기 위해 '목표량' 항목 오른쪽의 [목록](▼) 버튼을 클릭한 다음 [숫자 필터]−[해당 범위]를 차례대로 클릭합니다.

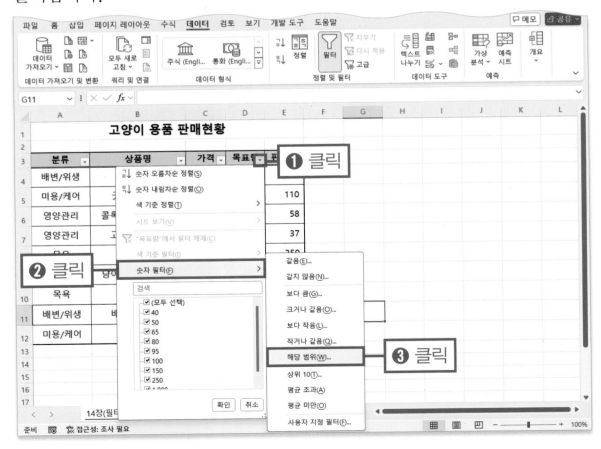

7 ······ '사용자 지정 자동 필터' 대화상자가 나타나면 '>=' 입력 란에 '100', '<=' 입력 란에 '300'을 입력한 후 [확인] 버튼을 클릭합니다.

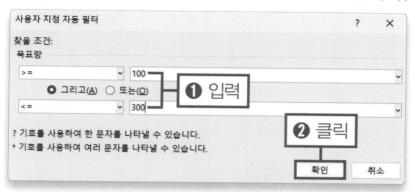

8 ······ 필터링이 적용된 것을 확인할 수 있습니다.

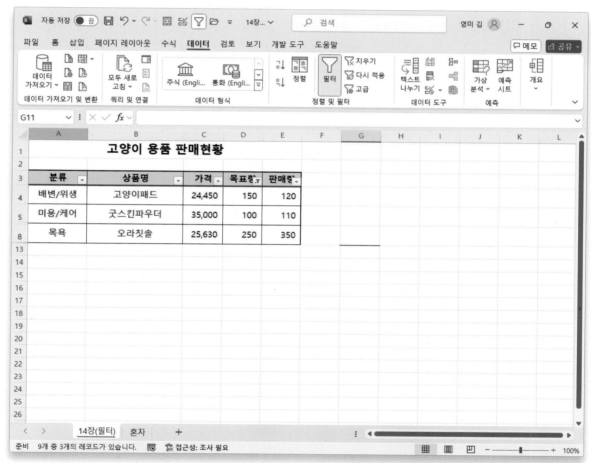

혼자서도 만들 수 있어요!

1 '분류'에서 '영양&케어'만 필터링해 보세요.

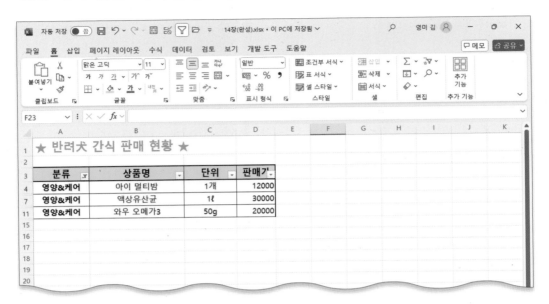

 표 전체를 선택한 후 [데이터] 탭–[정렬 및 필터] 그룹–[필터] 클릭 → '분류' 항목 오른쪽의 [목록] (▼) 버튼을·클릭한 다음 [영양&케어]를 제외한 나머지는 체크 해제한 후 [확인] 버튼 클릭

2 1번 항목의 필터링을 풀고 다시 '판매가'가 '12000'과 같은 데이터를 필터링해 보세요.

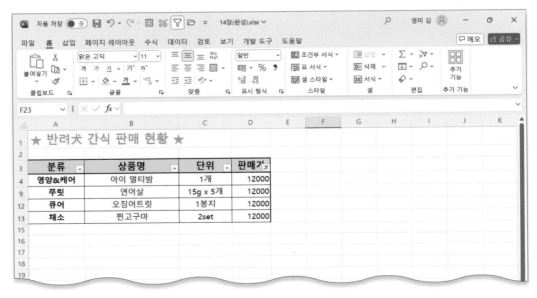

 '판매가' 항목 오른쪽의 [목록](▼) 버튼을 클릭한 다음 [숫자 필터]–[같음] 클릭 → '사용자 지정 자동 필터' 대화상자가 나타나면 '=' 입력 란에 '12000'을 입력한 후 [확인] 버튼 클릭

부분합 익히기

POINT

엑셀 데이터 중 항목별로 판매 금액의 합계와 판매 수량의 평균을 구하려면 항목별로 묶어야 하고 새로운 행을 삽입하고, 합계와 평균을 구하는 식을 적는 과정을 거쳐야 합니다. 이런 과정을 알아서 해주는 기능이 부분합입니다. 이번 장에서는 부분합을 이용하여 생산공장별 생산수량 합계와 목표수량 평균을 구해봅니다.

여기서 배워요! 데이터 묶기 / 생산수량 합계와 목표수량 평균 구하기 / 부분합 해제하기

완성 화면 미리 보기

데이터 묶기

1 ..... [엑셀365예제]–[15장] 파일을 불러옵니다. 부분합을 설정하기 전, 묶는 방법은 정렬입니다. '생산공장'별로 데이터를 묶기 위해 '생산공장' 데이터의 아무 곳이나 클릭한 후 [데이터] 탭–[정렬 및 필터] 그룹에서 [오름차순 정렬](⬆️) 버튼을 클릭합니다.

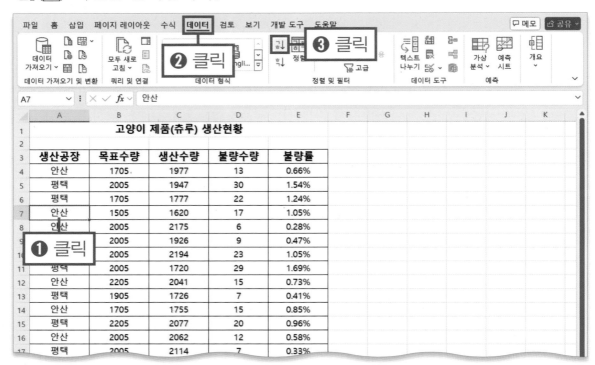

2 ..... '생산공장'별로 묶인 것을 확인할 수 있습니다.

생산공장	목표수량	생산수량	불량수량	불량률
안산	1705	1977	13	0.66%
안산	1505	1620	17	1.05%
안산	2005	2175	6	0.28%
안산	2205	2041	15	0.73%
안산	1705	1755	15	0.85%
안산	2005	2062	12	0.58%
안산	1705	1757	8	0.46%
안산	1500	1350	15	1.11%
평택	2005	1947	30	1.54%
평택	1705	1777	22	1.24%
평택	2005	1926	9	0.47%
평택	2005	2194	23	1.05%
평택	2005	1720	29	1.69%
평택	1905	1726	7	0.41%
평택	2205	2077	20	0.96%
평택	2005	2114	7	0.33%

생산수량 합계와 목표수량 평균 구하기

1 ······ 표 안 아무 곳이나 클릭한 후 [데이터] 탭-[개요] 그룹의 [부분합]을 클릭합니다.

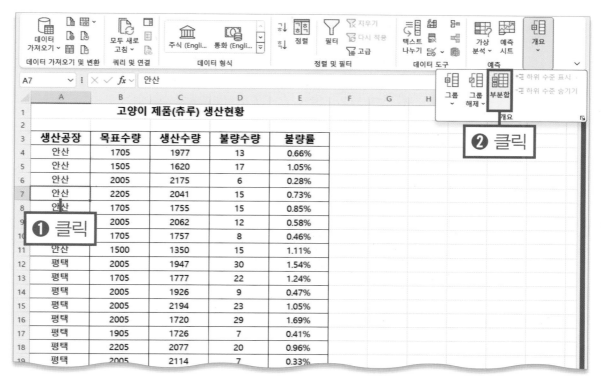

2 ······ '부분합' 대화상자가 나타나면 '그룹화할 항목'은 [생산공장], '사용할 함수'는 [합계], '부분합 계산 항목'은 [생산수량]으로 지정한 후 [확인] 버튼을 클릭합니다.

3 ······ '생산공장'별로 '생산수량'의 합계가 구해진 것을 확인할 수 있습니다.

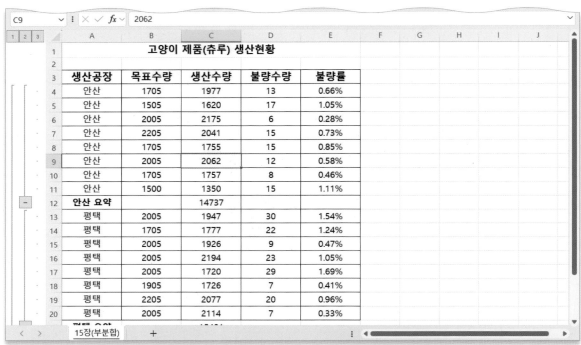

부분합에서 합계를 구하면 '합계'라는 단어 대신 '요약'이라는 단어로 설정됩니다.

4 ······ '목표수량' 평균을 추가하기 위해 부분합이 구해진 표 안을 클릭한 후 [개요] 그룹에서 [부분합]을 클릭합니다.

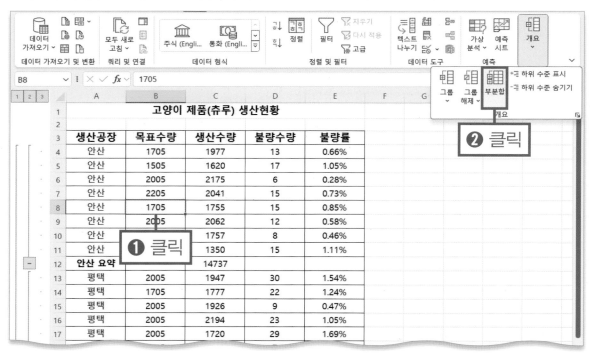

5 ······ '부분합' 대화상자가 나타나면 '그룹화할 항목'은 [생산공장], '사용할 함수'는 [평균]으로 변경합니다. '부분합 계산 항목'에서 [생산수량]은 체크 해지하고 [목표수량]에 체크한 다음 [새로운 값으로 대치]를 체크 해지한 후 [확인] 버튼을 클릭합니다.

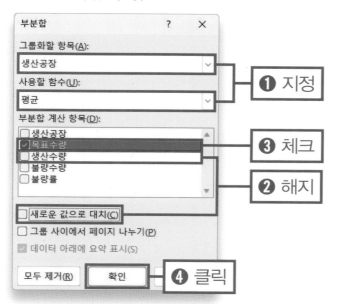

– 새로운 값으로 대치 : 기존에 구해진 함수를 지우고 새롭게 지금 지정한 설정을 적용
– 그룹 사이에서 페이지 나누기 : '그룹화할 항목'으로 지정된 부분들을 나눠서 각각 인쇄가 되도록 지정
– 데이터 아래에 요약 표시 : '사용할 함수'로 계산된 결과가 데이터 아래에 표시됨

6 ······ 두 개의 항목이 부분합된 것을 확인할 수 있습니다.

생산공장	목표수량	생산수량	불량수량	불량률
고양이 제품(츄루) 생산현황				
안산	1705	1977	13	0.66%
안산	1505	1620	17	1.05%
안산	2005	2175	6	0.28%
안산	2205	2041	15	0.73%
안산	1705	1755	15	0.85%
안산	2005	2062	12	0.58%
안산	1705	1757	8	0.46%
안산	1500	1350	15	1.11%
안산 평균	1791.875			
안산 요약		14737		
평택	2005	1947	30	1.54%
평택	1705	1777	22	1.24%
평택	2005	1926	9	0.47%
평택	2005	2194	23	1.05%
평택	2005	1720	29	1.69%
평택	1905	1726	7	0.41%
평택	2205	2077	20	0.96%

7 ····· 왼쪽의 윤곽선 버튼을 눌러 요약을 해봅니다.

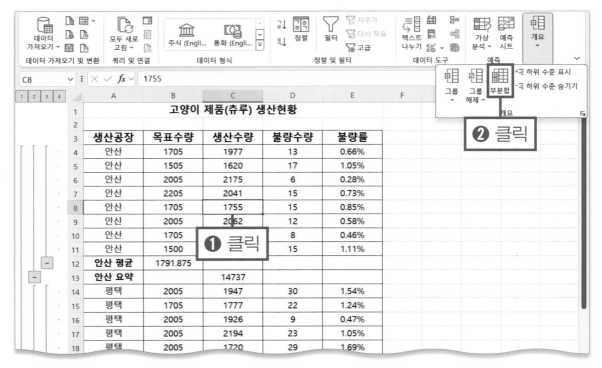

생산공장	목표수량	생산수량	불량수량	불량률
안산 평균	1791.875			
안산 요약		14737		
평택 평균	1980			
평택 요약		15481		
전체 평균	1885.9375			
총합계		30218		

STEP 3 # 부분합 해제하기

1 ····· 부분합은 적용 후 다시 원래 데이터로 되돌릴 수 있습니다. 부분합이 적용된
표 안을 클릭한 후 [개요] 그룹에서 [부분합]을 클릭합니다.

생산공장	목표수량	생산수량	불량수량	불량률
안산	1705	1977	13	0.66%
안산	1505	1620	17	1.05%
안산	2005	2175	6	0.28%
안산	2205	2041	15	0.73%
안산	1705	1755	15	0.85%
안산	2005	2062	12	0.58%
안산	1705		8	0.46%
안산	1500		15	1.11%
안산 평균	1791.875			
안산 요약		14737		
평택	2005	1947	30	1.54%
평택	1705	1777	22	1.24%
평택	2005	1926	9	0.47%
평택	2005	2194	23	1.05%
평택	2005	1720	29	1.69%

❶ 클릭
❷ 클릭

2 ······ '부분합' 대화상자가 나타나면 [모두 제거] 버튼을 클릭합니다.

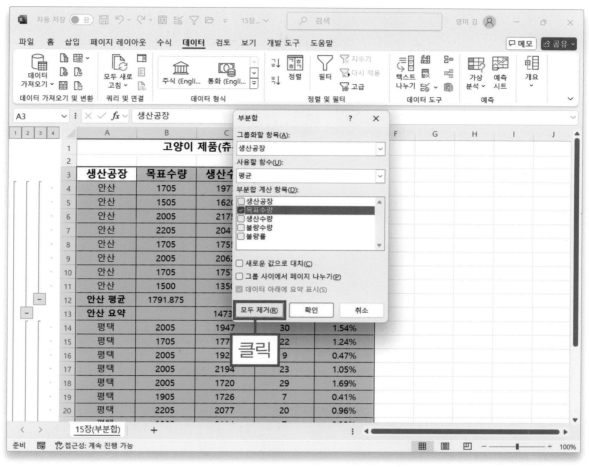

데이터 통합하기

POINT

데이터 통합 기능은 한 시트에 여러 개의 표가 있고 그 표를 하나로 취합을 해야 할 때 사용하는 기능입니다. 이번 장에서는 데이터 통합 기능을 이용하여 월별 데이터를 취합해 봅니다.

여기서 배워요! 입출고 현황 취합하기

완성 화면 미리 보기

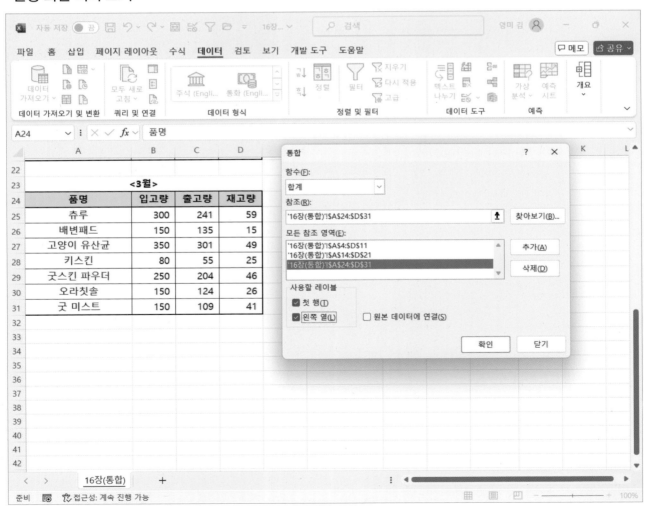

입출고 현황 취합하기

1 ······ [엑셀365예제]-[16장] 파일을 불러옵니다. [F4]부터 [I11] 셀까지 드래그해 선택한 후 [데이터] 탭-[데이터 도구] 그룹에서 [통합](📑) 버튼을 클릭합니다.

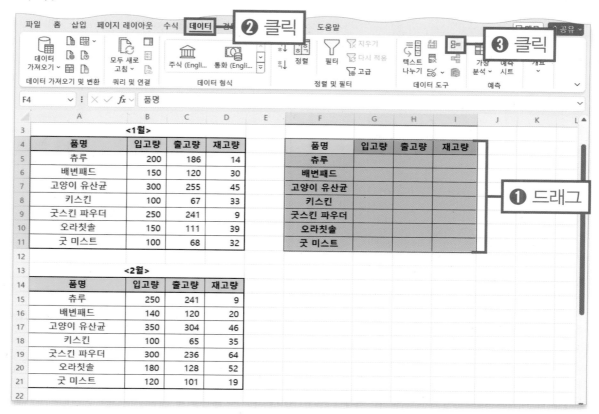

2 ······ '통합' 대화상자가 나타나면 '함수'의 [목록 단추]를 눌러 [합계]를 선택합니다.

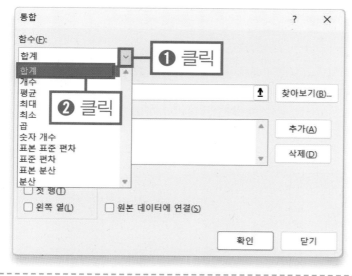

 조금 더 배우기 | 여러 가지 함수를 사용하여 다양한 집계를 적용해 봅니다.

3 ····· '참조' 영역을 클릭한 후 [1월] 데이터 전체를 드래그하여 선택하고 [추가] 버튼을 클릭합니다.

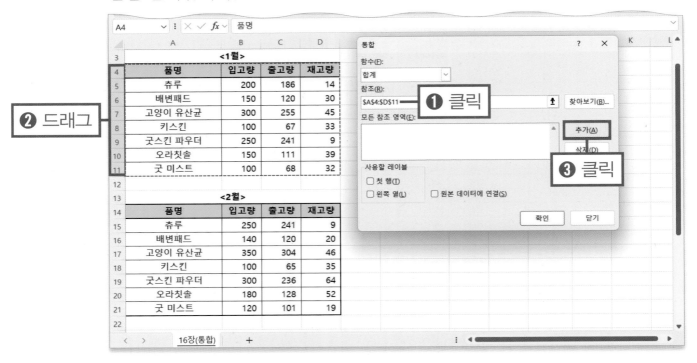

4 ····· 이번에는 [2월] 데이터 전체를 드래그하여 선택한 후 [추가] 버튼을 클릭합니다.

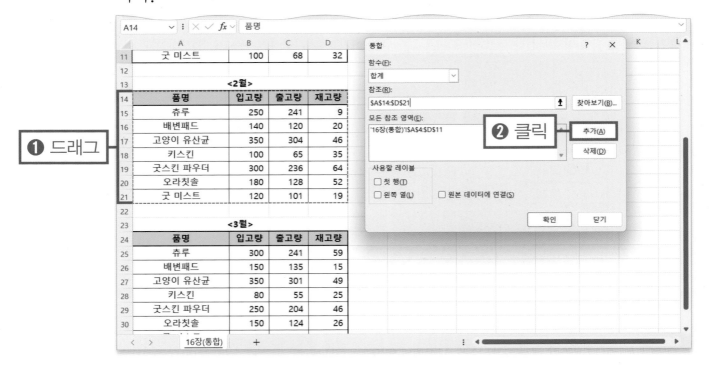

5 마지막으로 [3월] 데이터 전체를 드래그하여 선택한 후 [추가] 버튼을 클릭합니다.

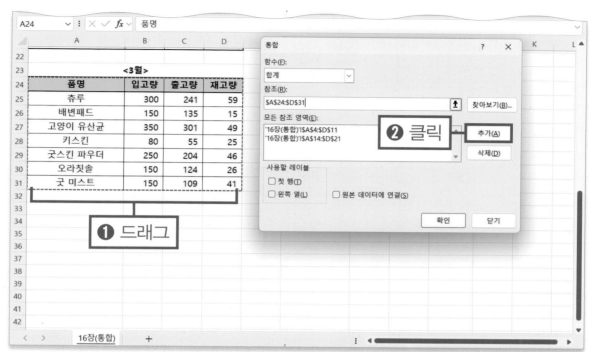

6 '사용할 레이블'에서 [첫 행], [왼쪽 열]을 클릭하여 체크한 후 [확인] 버튼을 클릭합니다.

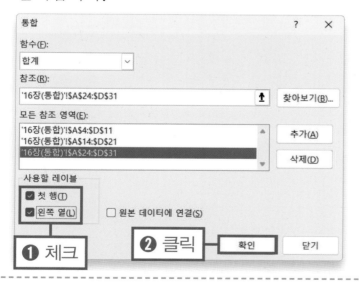

조금더 배우기 — '첫 행', '왼쪽 열'을 체크하지 않고 사용하면 레이블 명이 빠지고 값만 표시됩니다.

7 ..... 입출고 현황이 집계된 것을 확인할 수 있습니다.

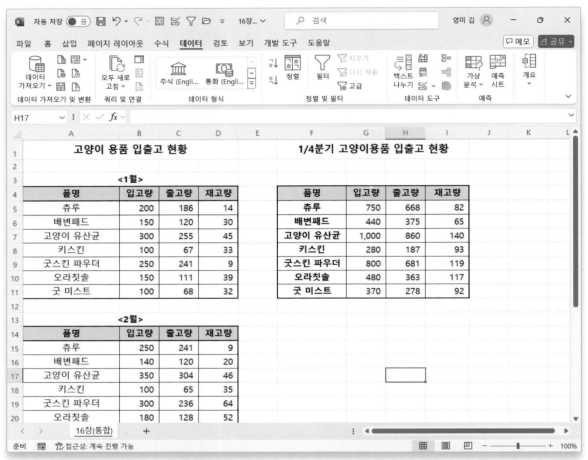

TIP '원본 데이터 연결'을 체크하면 원본이 변경됐을 때 집계 데이터도 함께 변경되지만 같은 시트 내에서는 적용되지 않고 다른 시트 내에서 사용할 시 적용됩니다.

II. 엑셀 365 활용
차트 작성하기

POINT

차트는 수치로 바로 알아볼 수 없는 데이터를 시각화해서 한눈에 빨리 알아볼 수 있도록 하는 기능입니다. 엑셀 365는 차트를 손쉽게 그릴 수 있습니다. 여기서는 기본 차트인 세로 막대 차트에 대해 알아봅니다.

여기서 배워요! 세로 막대 차트 만들기 / 차트 옵션 지정하기

완성 화면 미리 보기

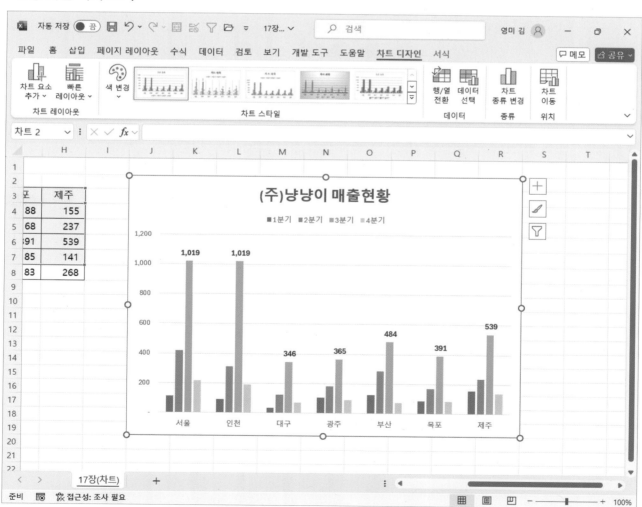

1 ····· [엑셀365예제]–[17장] 파일을 불러옵니다. [A3]부터 [H7] 셀까지 드래그해 블록 설정한 후 [삽입] 탭을 클릭합니다. [차트] 그룹에서 [세로 또는 가로 막대형 차트 삽입](📊⌄) 버튼을 클릭한 후 '2차원 세로 막대형' 영역의 [묶은 세로 막대형]을 클릭합니다.

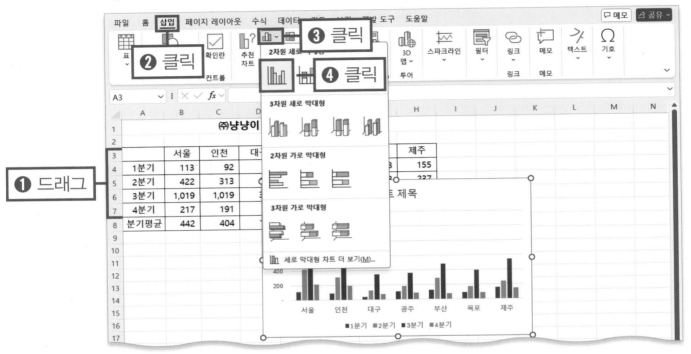

2 ····· 차트가 바로 만들어진 것을 확인할 수 있습니다. 보기와 같이 조절점을 이용하여 차트를 배치합니다.

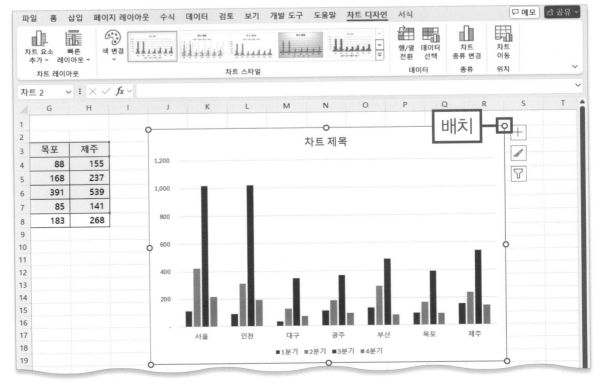

1 제목 옵션을 변경하기 위해 [차트 제목]을 클릭하여 '(주)냥냥이 매출현황'을 입력합니다. '글자 크기'는 [18], [굵게]로 설정합니다.

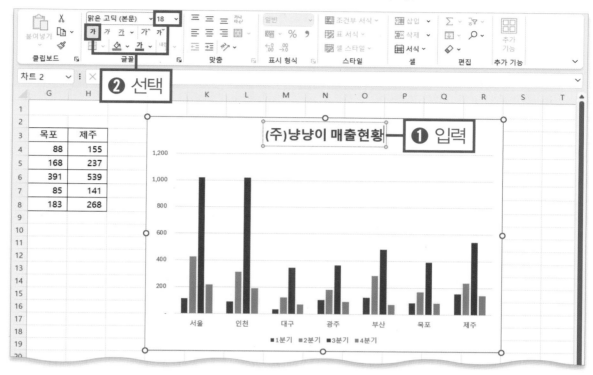

2 각각 항목을 나타내는 것을 범례라고 합니다. 범례의 위치를 변경하기 위해 차트 상단 오른쪽의 [차트 요소](➕) 버튼을 클릭한 후 [범례]−[위쪽]을 차례대로 클릭합니다.

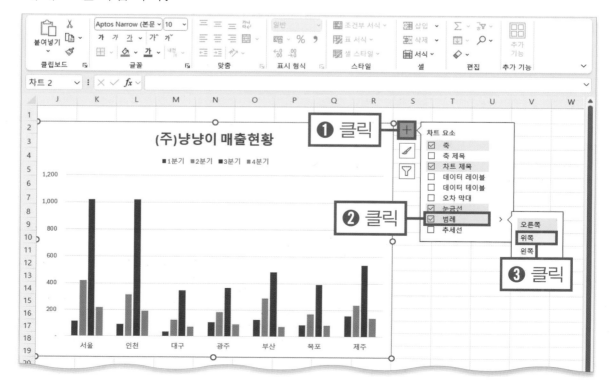

3 ······ '3분기' 계열에 값을 붙이기 위해 [3분기] 계열을 클릭한 후 마우스 오른쪽 버튼을 누른 다음 [데이터 레이블 추가]를 클릭합니다.

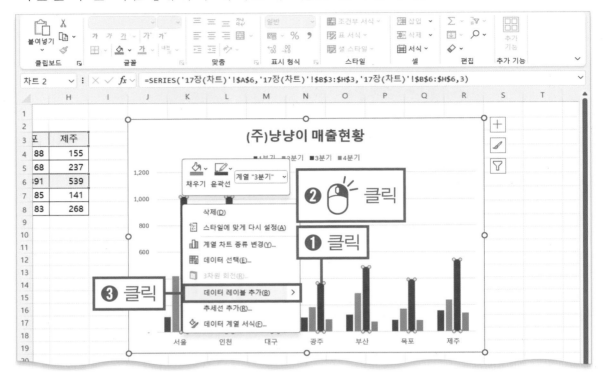

조금 더 배우기 ┊ 차트에서 각 항목을 '계열'이라고 하고, 그 '계열' 안에 하나의 항목을 '요소'라고 합니다.

4 ······ 삽입된 값의 서식을 '글자 크기'는 [10], [굵게]로 설정합니다.

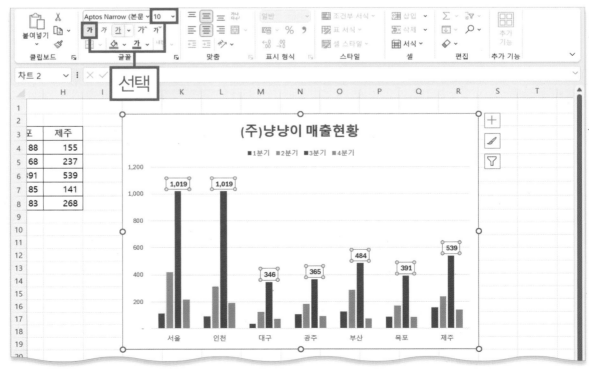

5 ······ 차트의 색을 전체적으로 변경하기 위해 삽입된 차트를 클릭한 다음 [차트 디자인] 탭−[차트 스타일] 그룹에서 [색 변경]을 클릭한 후 [단색형 색상표4]를 클릭합니다.

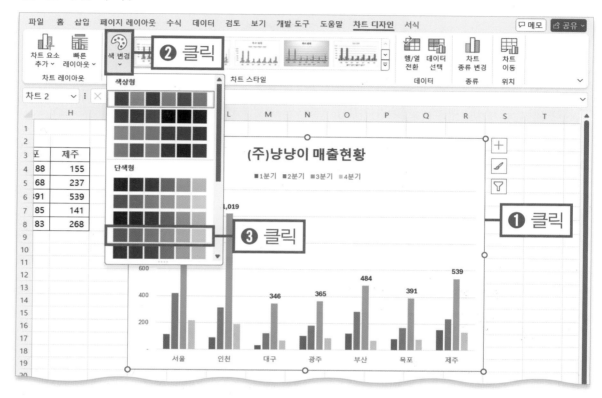

6 ······ 차트가 완성된 것을 확인할 수 있습니다.

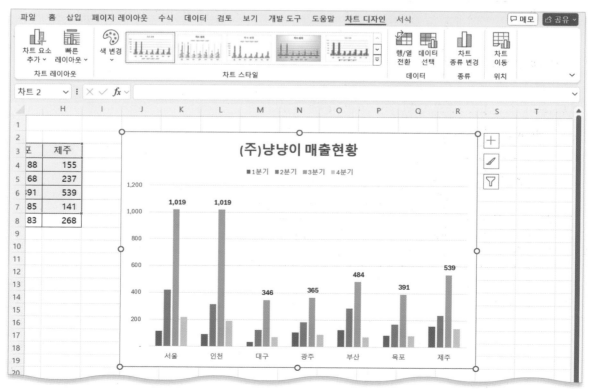

II. 엑셀 365 활용
여백 및 머리글 바닥글 지정하기

이번 장은 엑셀 데이터를 인쇄하기 위해 기본 여백을 지정하는 방법과 머리글, 바닥글을 입력하는 방법에 대해 알아봅니다.

여기서 배워요! 여백 설정하기 / 머리글, 바닥글 지정하기

완성 화면 미리 보기

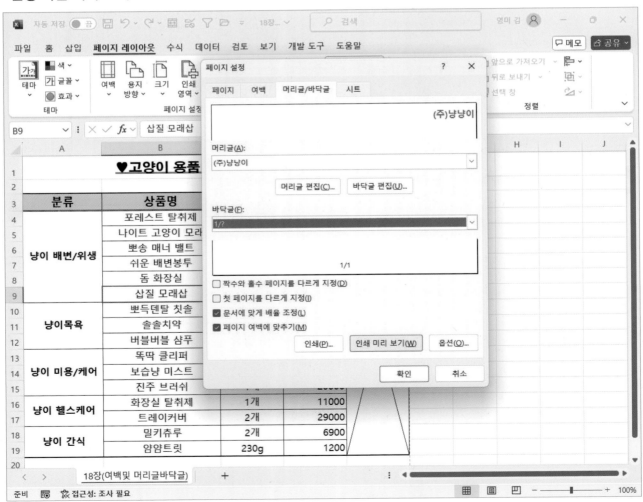

1 ..... [엑셀365예제]-[18장] 파일을 불러옵니다. [페이지 레이아웃] 탭을 클릭한 후 [페이지 설정] 그룹에서 [여백]-[사용자 지정 여백]을 차례대로 클릭합니다.

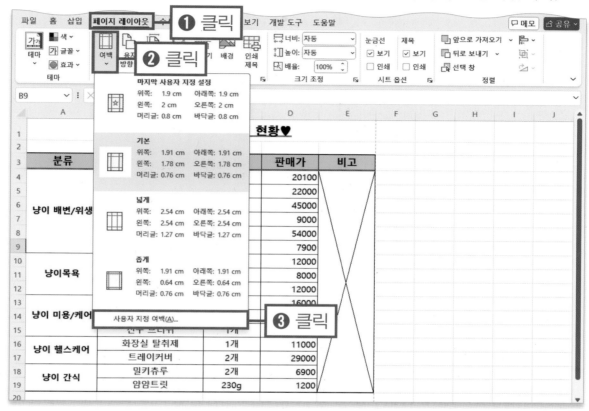

2 ..... '페이지 설정' 대화상자가 나타나면 [여백] 탭을 클릭한 후 '왼쪽'을 '2', '오른쪽'을 '2'로 입력합니다. '페이지 가운데 맞춤'을 [가로]만 체크한 다음 [확인] 버튼을 클릭합니다.

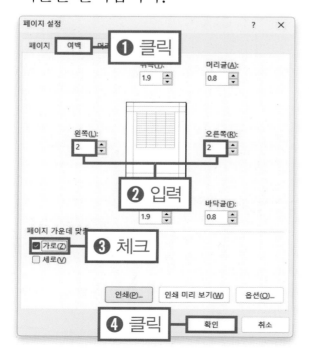

1 ····· 머리글 바닥을 설정하기 위해 [페이지 레이아웃] 탭-[페이지 설정] 그룹에서 하단 오른쪽의 [페이지 설정](⊡) 버튼을 클릭합니다.

2 ····· '페이지 설정' 대화상자가 나타나면 [머리글/바닥글] 탭을 클릭한 후 머리글에 회사명을 입력하기 위해 [머리글 편집] 버튼을 클릭합니다.

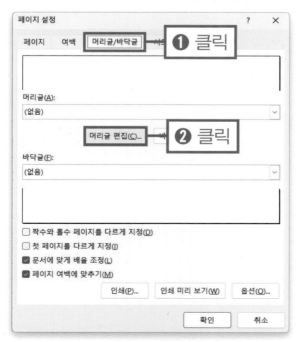

3 ····· '머리글' 대화상자가 나타나면 '오른쪽 구역'에 '(주)냥냥이'를 입력한 후 서식을 지정하기 위해 드래그해 블록 설정합니다. [텍스트 서석]([가]) 버튼을 클릭합니다.

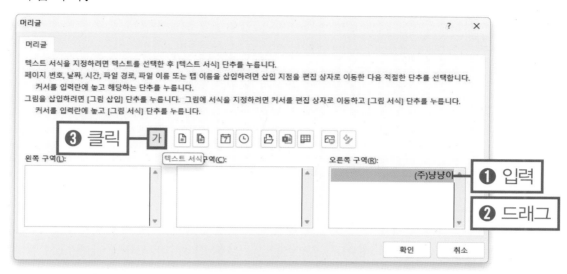

4 ····· '글꼴' 대화상자가 나타나면 '글꼴 스타일'은 [굵게], '크기'는 '14', '색'은 [파랑]을 지정한 후 [확인] 버튼을 클릭합니다.

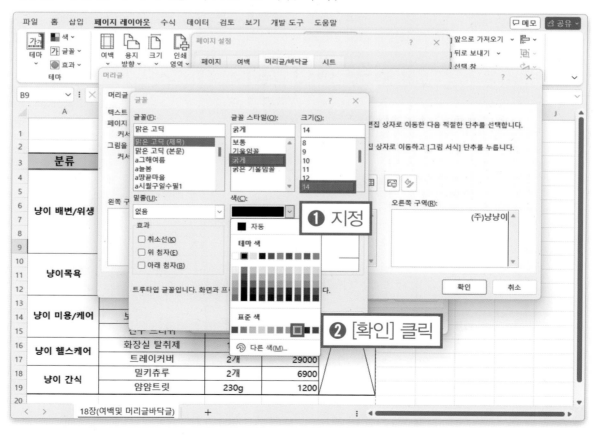

5 ····· 서식이 적용된 것을 확인한 후 [확인] 버튼을 클릭합니다.

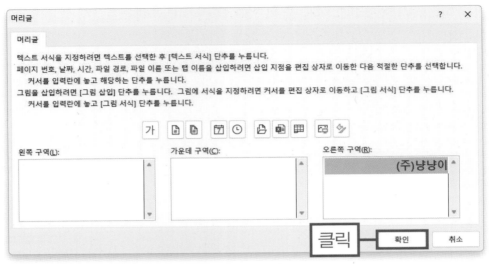

6 ····· 이번에는 바닥글에 페이지 번호를 삽입하기 위해 [바닥글 편집] 버튼을 클릭합니다.

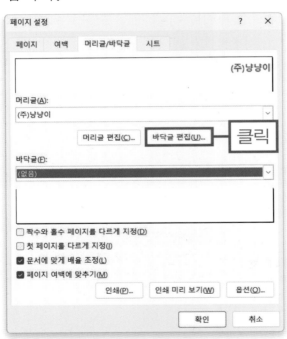

7 ······ '바닥글' 대화상자가 나타나면 [가운데 구역]을 클릭합니다. [페이지 번호 삽입](📄) 버튼을 클릭한 후 '/'를 입력합니다.

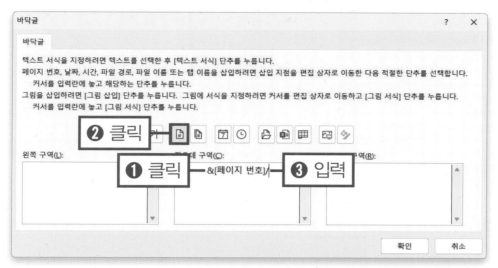

8 ······ [전체 페이지 수 삽입](📄) 버튼을 클릭한 다음 [확인] 버튼을 클릭합니다.

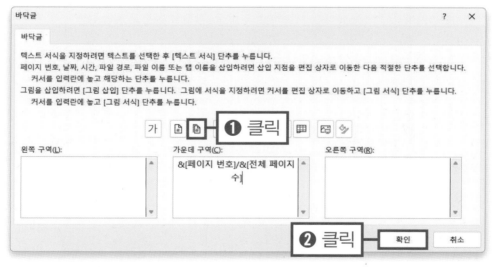

9 ····· 회사명과 페이지 번호가 입력된 것을 전체적으로 확인하기 위해 [인쇄 미리 보기] 버튼을 클릭합니다.

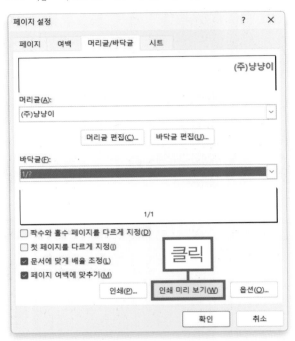

10 ····· 인쇄 화면을 확인할 수 있습니다.

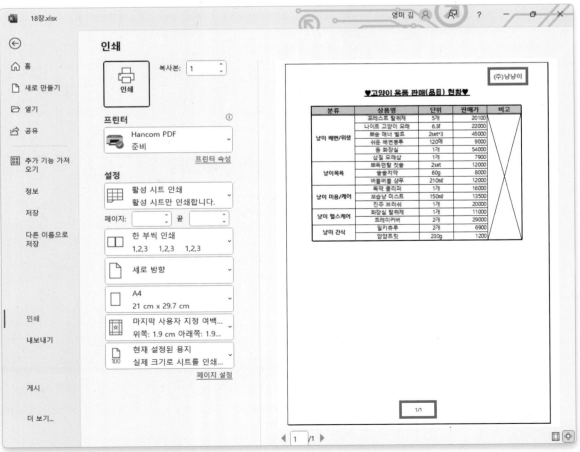

II. 엑셀 365 활용
페이지 나누기 미리 보기

POINT

페이지 나누기 미리 보기는 많은 양의 엑셀 데이터를 인쇄하기 전에 원하는 지점까지 페이지를 나눌 때 쓰이는 기능입니다. 이번 장에서는 페이지 나누기 미리 보기에 대해 알아봅니다.

여기서 배워요! 페이지 나누기 미리 보기

완성 화면 미리 보기

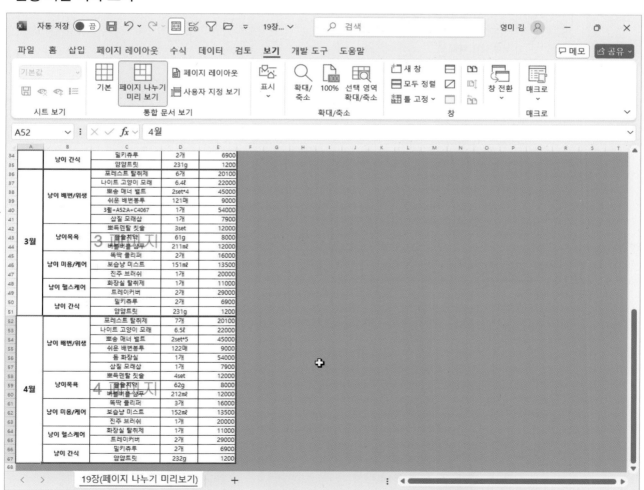

1 ..... [엑셀365예제]–[19장] 파일을 불러옵니다. 월별로 페이지를 나누기 위해 [보기] 탭을 클릭한 후 [통합 문서 보기] 그룹에서 [페이지 나누기 미리 보기]를 클릭합니다.

2 ..... '페이지 나누기 미리 보기' 화면이 나타나면 하단의 점선을 1월과 2월 사이에 드래그하여 페이지를 조절합니다. 나머지 아래의 점선도 2월과 3월 사이로 드래그합니다.

 페이지 나누기 미리 보기를 하면 기본으로 페이지가 점선으로 나눠집니다.

3 하단의 3월과 4월 사이에도 페이지를 나누기 위해 [4월]이 입력되어 있는 셀을 클릭한 후 마우스 오른쪽 버튼을 눌러 [페이지 나누기 삽입]을 클릭합니다.

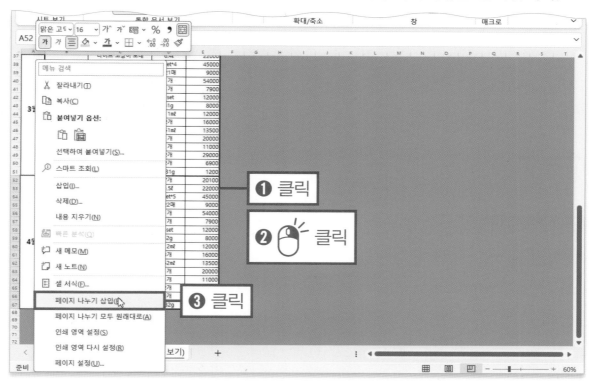

4 3월과 4월 사이에 페이지가 나눠진 것을 확인할 수 있습니다.

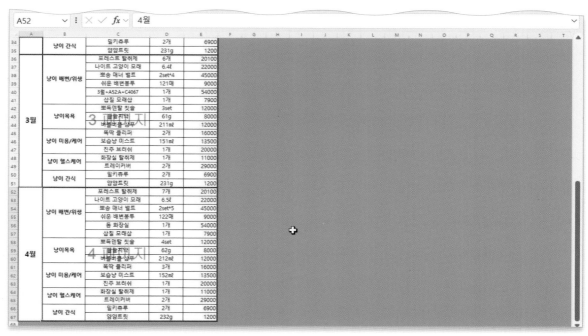

데이터 중간에서 [페이지 나누기 삽입]을 클릭하면 십자형으로 나누는 선이 생깁니다. 이럴 때 필요 없는 선은 밖으로 드래그하면 없어집니다.

POINT

이번 장에서는 인쇄하는 방법에 대해 알아봅니다.

여기서 배워요! 인쇄하기

완성 화면 미리 보기

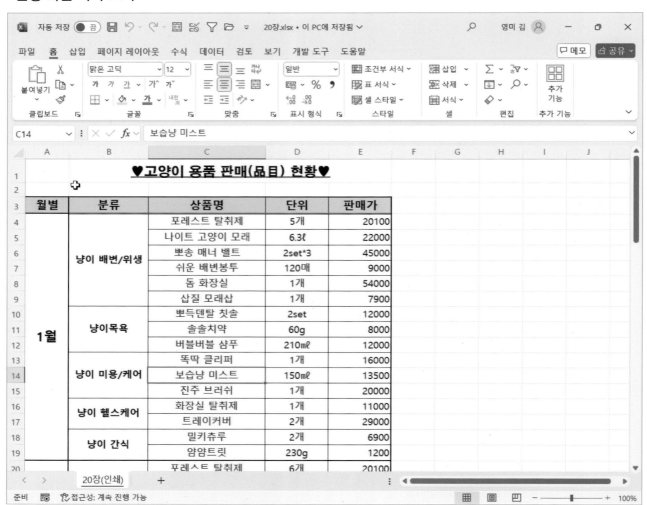

인쇄하기

1 ····· [엑셀365예제]-[20장] 파일을 불러옵니다. [파일] 탭을 클릭합니다.

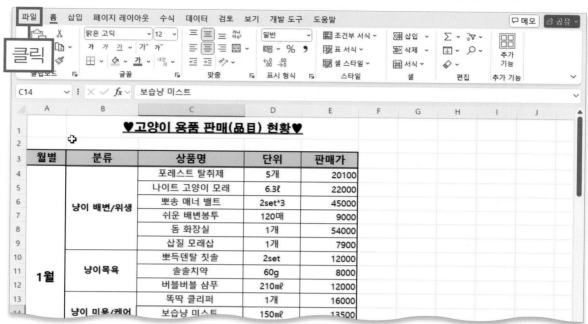

2 ····· 왼쪽 항목에서 [인쇄]를 클릭한 후 설정 사항을 확인한 다음 [인쇄] 버튼을 클릭합니다.

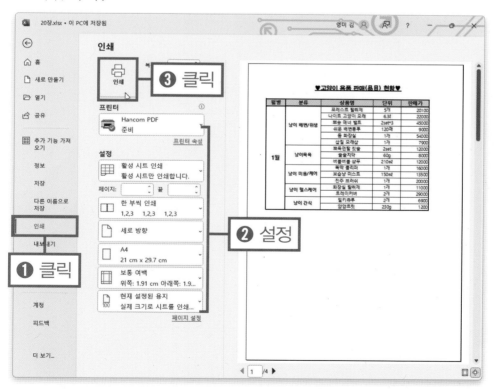

조금 더 배우기

프린터 및 페이지 설정은 인쇄에서 보이는 설정을 지정하면 되지만 여백을 바꾸기 혹은 다른 페이지를 조절할 땐 인쇄 하단에 [페이지 설정]을 클릭하여 '페이지 설정' 대화상자에서 설정합니다.

조금 더 배우기

인쇄 시 여백 조정을 수치가 아닌 마우스로 할 수 있습니다.

❶ 여백을 조정할 때 오른쪽 아래 [여백 표시](🔲) 단추를 클릭합니다.

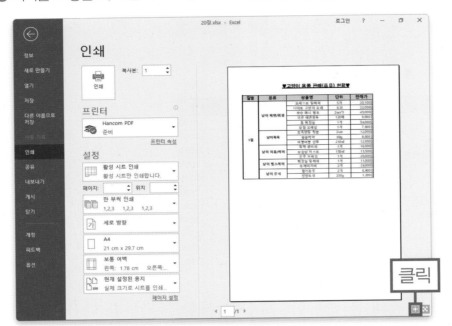

❷ 여백을 조절하는 (🔲) 버튼이 나타나면 마우스로 드래그하여 눈으로 보면서 조정합니다.

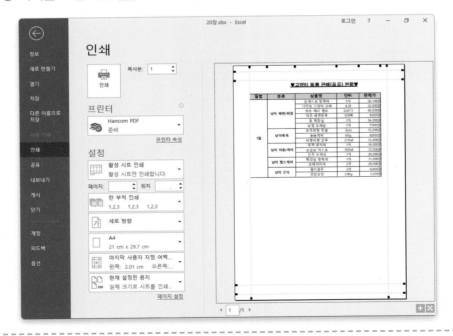

1판 1쇄 발행 2025년 2월 3일

저   자 | 김영미
발행인 | 김길수
발행처 | ㈜영진닷컴
주   소 | (08512) 서울특별시 금천구 디지털로9길 32
          갑을그레이트밸리 B동 10F
등   록 | 2007. 4. 27. 제16-4189호

ⓒ2024. ㈜영진닷컴

ISBN 978-89-314-7845-7